Gut vorbereitet! – Leitfaden für Sozial-Audits

Soziale Nachhaltigkeit in Unternehmen

Von Jens Schnügger

1

Lektorat: Lektorat Bauer, Stuttgart
Coverdesign: bodobe Buchcover Design, Lübeck

Vorwort

Das Buch bietet einen umfassenden Überblick über die wesentlichen Praktiken und Grundsätze im Zusammenhang mit Sozialaudits. Dieses Buch ist eine wertvolle Ressource für alle, die verstehen wollen, wie Organisationen ihre sozialen Auswirkungen und ihre Leistung bewerten können. In dem Buch werden komplexe Konzepte effektiv in eine verständliche Sprache umgewandelt, so dass es sowohl für Fachleute als auch für Neulinge auf diesem Gebiet geeignet ist. Das Buch behandelt verschiedene Aspekte von Sozialaudits, darunter ihre Bedeutung, den Prozess ihrer Durchführung und die verfügbaren Instrumente und Rahmenwerke.

Eines der herausragenden Merkmale dieses Buches ist die Einbeziehung von Fallstudien und Beispielen aus der Praxis, die dem Leser helfen, die Theorie mit der praktischen Anwendung zu verbinden. Diese Fallstudien veranschaulichen die positiven Auswirkungen von Sozialaudits auf Organisationen und ihre Stakeholder. Es werden auch potenzielle Herausforderungen aufgezeigt und wie man diese effektiv angehen kann. Das Buch vermittelt nicht nur theoretisches Wissen, sondern bietet auch eine Schritt-für-Schritt-Anleitung für die Planung, Durchführung und Berichterstattung von Sozialaudits. Die Einbeziehung von Vorlagen und Checklisten trägt zur Praxisnähe des Buches bei.

Insgesamt ist "Gut Vorbereitet! Leitfaden für Sozial Audits" eine wertvolle Ressource für Einzelpersonen, Organisationen und Fachleute, die die Sozialauditabläufe verstehen, umsetzen oder verbessern wollen. Es bietet eine solide Grundlage und praktische Einblicke, was es zu einer Pflichtlektüre für alle macht, die im Bereich der sozialen Verantwortung von Unternehmen und der Nachhaltigkeit tätig sind.

Audrey Hope

Januar 2024

Inhaltsverzeichnis

Kapitel 1 Einführung

Die soziale Komponente hält immer stärker Einzug in das Wirtschaftsleben. Das passiert nicht nur, weil der sogenannte Raubtierkapitalismus sich überlebt hätte, vielmehr haben Gesetzgeber und Gerichte die Haftungsregeln für Unternehmen zusätzlich verschärft.

Dieses Buch soll daher als Hilfsmittel für Unternehmen dienen, um das Konzept der Social-Sustainability zu verstehen und sich auf entsprechende Prüfungen vorzubereiten. Es ist keine wissenschaftliche Abhandlung.

Viele große Konzerne verlangen von Ihren Zulieferbetrieben, dass diese, unmissverständlich, soziale Standards einhalten.

Mit der SA8000[1] wurde der erste Sozialstandard entwickelt, der überprüfbar war und auf den sich Unternehmungen berufen konnten.

Das Problem der SA8000 war, dass man nur mit 100% bestehen konnte, so dass sich der Prozess der Zertifizierung lange hinzog.

Dieses Vorgehen war von der Idee her geeignet, um die soziale Komponente besser in den Betrieben zu verankern, hatte aber seine Grenzen, wenn Unternehmen schnell agieren wollen.

Es entwickelten sich andere, individuell weiterentwickelte Standards und damit neue Geschäftsmodelle, mit denen die Daten der geprüften Standards vergleichbar wurden.

So haben sich Unternehmen zusammengeschlossen, um gemeinsame Richtlinien zu entwickeln und komparable Ergebnisse zu erzeugen.

Beispiele hierfür sind SEDEX[2] oder ICS[3].

Beiden Systemen ist gemein, dass hier die Auditergebnisse einer Gemeinschaft von Unternehmen zur Verfügung gestellt werden, so dass

---

1   https://sa-intl.org/programs/sa8000/ (Abgerufen: 16.08.2022)

2   https://www.sedex.com/ (Abgerufen; 16.08.2022)

3   https://ics-asso.org/ (Abgerufen; 16.08.2022)

ein einzelner Betrieb nur einmal geprüft wird und sich dann auf die bereitgestellten Ergebnisse berufen kann. Das bedeutet, dass jeder Betrieb nur einmal pro Zyklus geprüft wird und sich bereiterklärt, seinen Prüfungsbericht in der Datenbank zu veröffentlichen, so dass alle teilnehmenden Betriebe Einsicht in den Bericht erhalten.

Bei der Gesellschaft vor Ort, wird so der Audit-Aufwand erheblich reduziert und die Auftraggeber können die Datenbanken zusätzlich als Sourcing-Tool nutzen, um nach neuen und geprüften Lieferanten zu suchen.

Kapitel 2 Grundlagen

Die Grundstruktur der Sozialaudits geht zurück auf die Resolution 217 A (III) der Generalversammlung vom 10. Dezember 1948, die allgemeine Erklärung der Menschenrechte[4] und auf die fundamentalen Übereinkommen der ILO.[5]

Der Verwaltungsrat der IAO hatte ursprünglich acht „grundlegende" Übereinkommen festgelegt, die sich mit Themen befassten, die als grundlegende Prinzipien und Rechte bei der Arbeit angesehen wurden: Vereinigungsfreiheit und die wirksame Anerkennung des Rechts auf Kollektivverhandlungen, die Beseitigung aller Formen von Zwangs- oder Pflichtarbeit, die wirksame Abschaffung der Kinderarbeit und die Beseitigung der Diskriminierung in Beschäftigung und Beruf.
Mit der Erklärung der IAO über die grundlegenden Prinzipien und Rechte bei der Arbeit (1998) wurde die Liste auf nunmehr 11 Instrumente erweitert:

---

4   https://unric.org/de/allgemeine-erklaerung-menschenrechte/, (Abgerufen: 24.06.2022)

5 https://www.ilo.org/global/standards/introduction-to-international-labour-standards/conventions-and-recommendations/lang--en/index.htm , (Abgerufen: 22.09.2023)

1. Übereinkommen über die Vereinigungsfreiheit und den Schutz des Vereinigungsrechtes, 1948 (Nr. 87)

2. Übereinkommen über das Vereinigungsrecht und das Recht auf Kollektivverhandlungen, 1949 (Nr. 98)

3. Übereinkommen über Zwangsarbeit, 1930 (Nr. 29) (und das Protokoll von 2014)

4. Übereinkommen über die Abschaffung der Zwangsarbeit, 1957 (Nr. 105)

5. Übereinkommen über das Mindestalter, 1973 (Nr. 138)

6. Übereinkommen über die schlimmsten Formen der Kinderarbeit, 1999 (Nr. 182)

7. Übereinkommen über die Gleichheit des Entgelts, 1951 (Nr. 100)

8. Übereinkommen über die Diskriminierung in Beschäftigung und Beruf, 1958 (Nr. 111)

9. Übereinkommen über Sicherheit und Gesundheitsschutz am Arbeitsplatz, 1981 (Nr. 155)

10. Übereinkommen (Nr. 187) über den Förderungsrahmen für Sicherheit und Gesundheitsschutz am Arbeitsplatz, 2006

Zusätzlich wurde die DIN ISO 26000 ins Leben gerufen, die auf die 17 UN-Ziele referiert. Die International Organization for Standardization (ISO) definiert:[6] Für Unternehmen und Organisationen, die sich zu einer sozial verantwortlichen Arbeitsweise verpflichtet haben, gibt es die DIN ISO 26000.

Sie bietet denjenigen eine Orientierungshilfe, die erkennen, dass der Respekt für Gesellschaft und Umwelt ein entscheidender Erfolgsfaktor ist. Die Anwendung der DIN ISO 26000 ist nicht nur „das Richtige", sondern wird zunehmend als eine Möglichkeit angesehen, das Engagement einer Organisation für Nachhaltigkeit und ihre Gesamtleistung zu bewerten.

Die ISO 26000:2010 enthält eher Leitlinien als Anforderungen und kann daher nicht wie einige andere bekannte ISO-Normen zertifiziert werden. Stattdessen trägt sie zur Klärung der Frage bei, was soziale Verantwortung ist, hilft Unternehmen und Organisationen bei der Umsetzung von Grundsätzen

---

6   https://www.iso.org/iso-26000-social-responsibility.html, (Abgerufen: 14.06.2023)

in wirksame Maßnahmen und vermittelt weltweit bewährte Verfahren im Bereich der sozialen Verantwortung. Sie richtet sich an alle Arten von Organisationen, unabhängig von deren Tätigkeit, Größe oder Standort.

Die UN beschreibt die genannten Ziele wie folgt: „Die Ziele für nachhaltige Entwicklung sind von entscheidender Bedeutung für einen Aufschwung, der zu grüneren, integrativeren Volkswirtschaften und stärkeren, widerstandsfähigeren Gesellschaften führt." [7]

Die Ziele für nachhaltige Entwicklung sind die Blaupause für eine bessere und nachhaltigere Zukunft für alle. Sie befassen sich mit den globalen Herausforderungen, vor denen wir stehen, darunter Armut, Ungleichheit, Klimawandel, Umweltzerstörung, Frieden und Gerechtigkeit." [8]

---

7 https://www.un.org/sustainabledevelopment/sdgs-framework-for-covid-19-recovery, (Abgerufen: 14.06.2023)

8 https://www.un.org/sustainabledevelopment/ sustainable-development-goals , (Abgerufen: 14.06.2023)

Die Ziele lauten:

Ziel 1: Armut in all ihren Formen überall beenden.

Ziel 2: Null Hunger

Ziel 3: Sicherstellung eines gesunden Lebens und Förderung des Wohlbefindens für alle Menschen in jedem Alter.

Ziel 4: Hochwertige Bildung

Ziel 5: Die Gleichstellung der Geschlechter erreichen und alle Frauen und Mädchen ermächtigen.

Ziel 6: Zugang zu Wasser und sanitären Einrichtungen für alle sicherstellen.

Ziel 7: Den Zugang zu erschwinglicher, zuverlässiger, nachhaltiger und moderner Energie sicherstellen.

Ziel 8: Förderung von inklusivem und nachhaltigem Wirtschaftswachstum, Beschäftigung und menschenwürdiger Arbeit für alle.

Ziel 9: Eine widerstandsfähige Infrastruktur aufbauen, eine nachhaltige Industrialisierung fördern und Innovationen vorantreiben.

Ziel 10: Die Ungleichheit innerhalb und zwischen den Ländern verringern.

Ziel 11: Städte inklusiv, sicher, widerstandsfähig und nachhaltig machen.

Ziel 12: Für nachhaltige Konsum- und Produktionsmuster sorgen.

Ziel 13: Dringend Maßnahmen zur Bekämpfung des Klimawandels und seiner Auswirkungen ergreifen.

Ziel 14: Erhaltung und nachhaltige Nutzung der Ozeane, Meere und Meeresressourcen.

Ziel 15: Nachhaltige Bewirtschaftung der Wälder, Bekämpfung der Wüstenbildung, Eindämmung und Umkehrung der Landdegradation, Eindämmung des Verlusts der biologischen Vielfalt.

Ziel 16: Gerechte, friedliche und inklusive Gesellschaften fördern.

Ziel 17: Wiederbelebung der globalen Partnerschaft für nachhaltige Entwicklung

So unübersichtlich diese Aufzählung scheint, im weiteren Verlauf wird sich daraus ein Bild ergeben, das sich zu einem Auditrahmenwerk zusammenfügt.

Kapitel 3 Das ESG-Framework

Die drei Buchstaben ESG stehen für die Bereiche
Environment (Umwelt)
Social (Soziales)
Governance (Unternehmensführung)
sowie deren Bedeutung für ein freiwillig nachhaltiges
unternehmerisches Handeln.
Die Schwerpunkte verteilen sich auf die Sachbereiche:
Unternehmensführung, Compliance (Rechtstreue,
Regelkonformität), Arbeitssicherheit,
Arbeitsbedingungen und Umwelt.
Bevor wir auf die einzelnen Themenbereiche
eingehen, beschäftigen wir uns mit dem Thema in
Gänze und fragen uns plakativ: Was soll das?

Die Jahre 2012 und 2013 waren für Bangladesch
traumatisch. Am 24.November 2012 brach in der
Bekleidungsfabrik „Tazreen Fashion" ein Feuer aus
und am 24. April 2013 brannte dann das Rana Plaza.
Es stellte sich heraus, dass die Auftraggeber sich eher
um die Produktionskosten als um die Sicherheit der
dort arbeitenden Personen gekümmert haben.
Der folgende Aufschrei unter den Kunden führte zu
einem Umdenken, dass dazu führte das die

Textilindustrie, als erste Branche, einen Sozialstandard entwickelte. Diese Entwicklung mündete in der SA 8000 als erster belastbarer Prüfstandard.

Die anderen Branchen bezogen die Position, dass bei ihren Lieferanten andere Bedingungen herrschen würden und sie daher keinen Sozialstandard bräuchten.

Diese Situation hat sich geändert. Die Sozialstandards setzen sich nach und nach in allen Branchen durch.

2021 wurde in Deutschland das weltweit erste Lieferkettengesetz verabschiedet. Hierzu schreibt das zuständige Bundesministerium für wirtschaftliche Zusammenarbeit und Entwicklung:[9]

„Millionen Menschen leben weltweit in Elend und Not, weil soziale Mindeststandards wie das Verbot von Zwangs- und Kinderarbeit missachtet werden. 79 Millionen Kinder arbeiten weltweit unter ausbeuterischen Bedingungen: in Textilfabriken, Steinbrüchen oder auf Kaffeeplantagen – auch für unsere Produkte.

---

9   https://www.bmz.de/de/entwicklungspolitik/lieferkettengesetz, (Abgerufen: 14.06.2023)

Um das zu ändern, hat die Bundesregierung das Gesetz über die unternehmerischen Sorgfaltspflichten zur Vermeidung von Menschenrechtsverletzungen in Lieferketten (Lieferkettensorgfaltspflichtengesetz, LkSG, Kurzform: Lieferkettengesetz) verabschiedet.

Ziel dieses Gesetzes ist, den Schutz der Menschenrechte und der Umwelt in globalen Lieferketten zu verbessern. Es geht nicht darum, überall in der Welt deutsche Sozialstandards umzusetzen, sondern um die Einhaltung grundlegender Menschenrechtsstandards wie des Verbots von Kinderarbeit und Zwangsarbeit sowie zentraler Umweltstandards wie des Verbots der Verunreinigung von Trinkwasser.

Dafür tragen auch Unternehmen in Deutschland Verantwortung. Sie müssen dafür sorgen, dass in ihren Lieferketten , die Menschenrechte und Umweltstandards eingehalten werden.

Das Gesetz legt klare und umsetzbare Anforderungen für die Sorgfaltspflichten von Unternehmen fest und schafft Rechtssicherheit für Unternehmen und Betroffene."

Ein Gesetz für faire Lieferketten – was ist das eigentlich?

Auch hier definiert das Bundesministerium für wirtschaftliche Zusammenarbeit und Entwicklung: Zentrale Regelungen

1. Erstmals klare Anforderungen für die unternehmerischen Sorgfaltspflichten
   Das schafft Rechtssicherheit für Unternehmen und Betroffene.

2. Verantwortung für die gesamte Lieferkette
   Die Sorgfaltspflichten der Unternehmen erstrecken sich grundsätzlich auf die gesamte Lieferkette – vom Rohstoff bis zum fertigen Verkaufsprodukt. Die Anforderungen an die Unternehmen sind dabei abgestuft, insbesondere nach dem Einflussvermögen auf den Verursacher der Menschenrechtsverletzung oder der Umweltverschmutzung sowie nach den unterschiedlichen Stufen in der Lieferkette. Bei klaren Hinweisen auf Verstöße müssen Unternehmen tätig werden.

3. Externe Überprüfung durch eine Behörde
   Mit dem Bundesamt für Wirtschaft und Ausfuhrkontrolle (Externer Link) (BAFA) überprüft eine etablierte Behörde die Einhaltung des Gesetzes.
   Das BAFA kontrolliert die Unternehmensberichte und geht eingereichten Beschwerden nach. Stellt das

Bundesamt Versäumnisse oder Verstöße fest, kann es Bußgelder verhängen oder Unternehmen von der öffentlichen Beschaffung ausschließen.

4. Besserer Schutz der Menschenrechte

Betroffene von Menschenrechtsverletzungen können ihre Rechte weiterhin vor deutschen Gerichten geltend machen und jetzt auch Beschwerde (Externer Link) beim Bundesamt für Wirtschaft und Ausfuhrkontrolle einreichen."[10]

Warum ist diese Rahmenvorgabe so wichtig?

Deutschland ist Sitz von multinational agierenden Unternehmen.

Insbesondere der Automotive Sektor hat weltweit Einfluss auf die Lieferketten.

Ziehen die großen Automobilhersteller und die größten Zulieferer an einem Strang, hat das weltweit Auswirkungen auf die diversen Standorte der Zulieferer.

Der Vorteil des Lieferkettengesetzes ist, dass alle Unternehmen gleichbehandelt werden.

Der Nachteil ist, dass die Prüfkataloge so gestaltet werden müssen, dass sie alle Länder abdecken können

---

10 https://www.bmz.de/de/themen/lieferkettengesetz (Abgerufen: 22.09.2023)

und so manche Prüfpunkte in unterschiedlichen Ländern verschiedenartige Auslegungen benötigen.

Ein weiterer Nachteil ist, dass immer nur eine Momentaufnahme gemacht werden kann, sei diese Remote, vor Ort oder gar nur datenbasiert.

Man kann heute feststellen, dass die Konzerne ihre Pflichten, die sich aus dem Lieferkettengesetz ergeben, an ihre Zulieferbetriebe delegieren.

Damit wird es für jeden einzelnen Betrieb wichtig, vorbereitet zu sein.

Dieses Buch soll ein Baustein für diese Vorbereitung sein.

3.1 Die neue EU Vorgabe: CS3D: Supply Chain Due Dillignce Directive

3.1.1 Information der Kommission

Am 23. Februar 2022 nahm die Europäische Kommission einen Vorschlag für eine Richtlinie über die Sorgfaltspflichten von Unternehmen im Bereich der Nachhaltigkeit an. Am 24. Mai 2024 billigte der Rat der Europäischen Union die politische Einigung und schloss damit das Annahmeverfahren ab. Ziel dieser Richtlinie ist es, ein nachhaltiges und verantwortungsvolles unternehmerisches Verhalten in der Geschäftstätigkeit von Unternehmen und in ihren globalen Wertschöpfungsketten zu fördern. Mit den neuen Vorschriften wird sichergestellt, dass Unternehmen, die in den Anwendungsbereich fallen, nachteilige Auswirkungen ihres Handelns auf die Menschenrechte und die Umwelt innerhalb und außerhalb Europas ermitteln und angehen.[11]

Auf der Webseite der Kommission wird in Kürze ausgeführt:[12]

3.1.2 Was sind die Verpflichtungen für Unternehmen?

Mit dieser Richtlinie wird eine Sorgfaltspflicht für Unternehmen eingeführt. Die Kernelemente dieser Pflicht sind die Ermittlung und Bewältigung potenzieller und tatsächlicher negativer Auswirkungen auf die Menschenrechte und die Umwelt in den eigenen Geschäftstätigkeiten des Unternehmens, seinen Tochterunternehmen und,

---

11 https://commission.europa.eu/business-economy-euro/doing-business-eu/corporate-sustainability-due-diligence_en?prefLang=de&etrans=de (Abgerufen 10.06.24)

12 https://commission.europa.eu/business-economy-euro/doing-business-eu/corporate-sustainability-due-diligence_en?prefLang=de&etrans=de (Abgerufen 10.06.24)

sofern sie mit seiner/ihren Wertschöpfungskette(n) zusammenhängen, in denen seiner/ihrer Geschäftspartner. Darüber hinaus enthält die Richtlinie eine Verpflichtung für große Unternehmen, nach besten Kräften einen Übergangsplan für den Klimaschutz anzunehmen und umzusetzen, der mit dem Ziel der Klimaneutralität bis 2050 des Übereinkommens von Paris sowie mit Zwischenzielen im Rahmen des Europäischen Klimagesetzes in Einklang steht.

3.1.3 Für welche Unternehmen gelten die neuen EU-Vorschriften?

3.1.3.1 Unternehmen

Große EU-Gesellschaften mit beschränkter Haftung & Personengesellschaften:
+/- 6.000 Unternehmen - >1000 Mitarbeiter und >450 Millionen Euro Umsatz (netto) weltweit.

3.1.3.2 Große Nicht-EU-Unternehmen

+/- 900 Unternehmen - > 450 Mio. EUR Umsatz (netto) in der EU.

Die Richtlinie enthält Bestimmungen, die die Einhaltung der Vorschriften erleichtern und den Aufwand für Unternehmen sowohl im Anwendungsbereich als auch in der Wertschöpfungskette begrenzen sollen.

3.1.3.3 Mittelstand

Kleinstunternehmen und KMU fallen nicht unter die vorgeschlagenen Vorschriften. Die Richtlinie sieht jedoch Unterstützungs- und Schutzmaßnahmen für KMU vor, die als Geschäftspartner in Wertschöpfungsketten indirekt betroffen sein könnten.

3.2 Wie werden die neuen Regeln durchgesetzt?

Die Vorschriften über die Sorgfaltspflichten von Unternehmen im Bereich der Nachhaltigkeit werden durchgesetzt durch:

3.2.1 Verwaltungsaufsicht:

Die Mitgliedstaaten benennen eine Behörde, die die Vorschriften überwacht und durchsetzt, unter anderem durch Unterlassungsanordnungen und wirksame, verhältnismäßige und abschreckende Sanktionen (insbesondere Geldbußen). Auf europäischer Ebene wird die Kommission ein europäisches Netz der Aufsichtsbehörden einrichten, das Vertreter der nationalen Stellen zusammenbringt, um einen koordinierten Ansatz zu gewährleisten.

3.2.2 Zivilrechtliche Haftung:

Die Mitgliedstaaten stellen sicher, dass Opfer eine Entschädigung für Schäden erhalten, die sich aus einer vorsätzlichen oder fahrlässigen Nichtdurchführung der Sorgfaltspflicht ergeben.

3.3 Vorteile für Unternehmen (extern)

Dieses Buch richtet sich an jene Unternehmer und Unternehmerinnen, die Arbeitnehmende als Produktionsfaktoren sehen.

Sie sollten wissen, dass alle Produktionsfaktoren einer regelmäßigen Wartung bedürfen. Damit die Produktivität erhalten bleibt, haben Maschinen einen Wartungsplan; Mitarbeitende brauchen Ruhezeiten und Urlaub.

Dass die Bezahlung ausreichend ist (und damit oberhalb von Mindestlohn oder definiertem „Living Wage"), wird in diesem Buch evident vorausgesetzt.

Für viele Unternehmer*innen ist ein anstehendes Sozial-Audit eine zusätzliche Belastung, bei der sie, widerstrebend, Zeit mit dem Prüfer verbringen, und auf Fragen antworten müssen, deren Sinn sie nicht verstehen.

Mit etwas Vorbereitung lassen jedoch sich für viele Unternehmen positive Anregungen aus diesen Audits gewinnen.

Durchaus zutreffend ist, dass es Unternehmer gibt, die ihre Mitarbeitenden nur als Kostenfaktoren sehen, und entschlossen sind die Produktionskosten geringzuhalten.

Welche externen Vorteile hat ein durchgeführtes Sozial-Audit?

1. Sie bleiben bei Ihrem Kunden gelistet.

2. Die Prüfsysteme wie SEDEX und ICS arbeiten mit Datenbanken, in denen die Mitglieder den Status eines jeden geprüften Unternehmens einsehen können.

Dadurch öffnet sich Ihnen ein potenziell neuer Markt.

3. Das Prüfergebnis lässt sich für Marketingmaßnahmen nutzen, z.B. als Abgrenzung zum Mitbewerber.

4. Das Audit kann Sie bei den ESG-Berichtspflichten unterstützen.

Das Lieferkettengesetz (Gesetz über die unternehmerischen Sorgfaltspflichten zur Vermeidung von Menschenrechtsverletzungen in Lieferketten (Lieferkettensorgfaltspflichtengesetz, LkSG, Kurzform: Lieferkettengesetz)[13] verlangt, dass die vom Gesetz betroffenen Unternehmen die Lieferkette auf soziale Mindeststandards überprüfen müssen.

Zum Zeitpunkt der Erstellung dieses Leitfadens hatten viele Unternehmen ihre eigenen Standards (z.B. Amazon, Home Depot, Costco oder Zalando).

Wieder andere Unternehmen haben sich einem Verbund angeschlossen.

Bei ICS[14] u.a..: Adeo, Auchan RETAIL, Carrefour, Club Med, Galeries Lafayette oder Maison du Monde

Bei SEDEX[15] finden sich u.a.: Anheuser - Busch, ASDA, McLaren Automotive, METRO AG, Miller Coors, Mondelez oder Nestle

---

13 https://www.bmz.de/de/themen/lieferkettengesetz/ (Abgerufen: 14.06.2023)

14 https://ics-asso.org/our-members/ (Abgerufen: 14.06.2023)

15 https://www.sedex.com/about-us/our-members/ (Abgerufen: 14.06.2023)

Der Vorteil von SEDEX und ICS liegt auf der Hand: Die Auditbelastung der einzelnen Lieferanten wird reduziert und nach Bestehen bzw. Nicht-Erreichen der Überprüfung haben alle Mitgliedsunternehmen das Recht das Ergebnis einzusehen.

Anmerkung an die Kollegen und Kolleginnen aus den Einkaufsabteilungen, die dieses Buch lesen:
Ihr firmeninterner Code of Conduct verpflichtet Sie, darauf zu achten, dass soziale Mindeststandards eingehalten werden.
Das System, nach dem Boni gezahlt werden, wenn eindeutige Einsparungen erzielt werden, hat logische Grenzen.
Wenn Sie Einkaufspreise verlangen, bei denen dabei die Mitarbeitenden des Vertragspartners unter den Mindestlohn rutschen, kommen Sie der Verpflichtung, gemäß Ihrer eigenen Vorgaben, nicht nach.

3.4 Vorteile für Unternehmen (intern)

Die Vorzüge für die Auftraggeber sind klar, sie sichern sich ihre Lieferkette ab.

Aber worin liegen die Vorteile für die geprüften Unternehmungen?

Auf den ersten Blick sagen Unternehmer in West-Europa, dass sie nicht verstehen, warum sie einer Kontrolle unterworfen werden und zeigen mit dem Finger auf andere Regionen der Welt.

Nach der Prüfung stellen die meisten Geschäftsführenden dann fest, dass es doch Verbesserungspotenzial gibt.

So viel als Vorbemerkung, um darzustellen, dass alle Unternehmen von den Überprüfungen lernen können und dass sich immer schlummernde Potenziale heben lassen.

Unstrittig ist, dass die Potenziale in einigen Regionen größer sind als in anderen.

Die Prüfungsschwerpunkte sind Governance, Compliance, Arbeitssicherheit sowie Umwelt.

Schaut man nur auf die Themen, so wird jede:r Unternehmende:r und jeder Geschäftsführende sagen, dass es bei diesen Themen keine Probleme im eigenen Unternehmen gibt.

Das ist eine gesunde und selbstsicher Einstellung, aber wie heißt es so schön? „Der Teufel steckt im Detail" Das gilt auch für die Prüfbereiche in den Unternehmen, wo es immer wieder auf die Kleinigkeiten ankommt.

Das bedeutet, dass die Unternehmen aus jedem Audit lernen, an welchen Stellen Prozesse und Abläufe nachjustiert werden können und sollten, um das Unternehmen besser aufzustellen. Das gilt insbesondere für die eigenen Mitarbeitenden: Zufriedene Mitarbeitende arbeiten effektiver als unzufriedene, aber klar ist, dass jeder Mensch seinen Grad an Zufriedenheit für sich selbst individuell definiert.

Aufgabe der Unternehmensführung ist es, die bestmöglichen Rahmenbedingungen zu setzen, und so den Mitarbeitenden die bestmögliche Ausgangsposition zu geben.

Bei der Betrachtung des Produktionsfaktors „Mensch" gilt es daher, das Umfeld so zu gestalten, dass sich Mitarbeitende wohlfühlen. Davon profitiert ein

Unternehmen unmittelbar, denn nach wie vor gilt: Gute Mitarbeitende beschweren sich nicht, sie verlassen das Unternehmen.

Eine weitere wichtige Aufgabe der Unternehmensführung ist es deshalb, eine innere Kündigung zu verhindern und Mitarbeitende zu halten, was sich dann definitiv als Vorteil herausstellen wird.

Das gilt insbesondere in Regionen, in denen der Generationswechsel dafür sorgt, dass Fachkräfte fehlen und somit jeder Mitarbeitende so lange wie möglich gehalten werden sollte.

In Regionen, in denen es keine Probleme bei der Verfügbarkeit neuer Mitarbeitender gibt, ist es dennoch wichtig, das Unternehmen so aufzustellen, dass eine zu hohe Fluktuationsrate verhindert wird.

Denn eine hohe Fluktuation erhöht die Kosten, etwa die Prozesskosten (z.B. Einarbeitungskosten und Einarbeitungszeit).

Haben die Mitarbeitenden nicht das Bedürfnis in ein anderes Unternehmen zu wechseln, wird der Arbeitsprozess auf die Dauer durch sinkende Gemeinkosten günstiger.

Ein Vorteil, den sich jeder Unternehmenslenkende wünscht.

3.5 Governance

Das Gabler Wirtschaftslexikon definiert Governance wie folgt: „Corporate Governance bezeichnet den rechtlichen und faktischen Ordnungsrahmen für die Leitung und Überwachung eines Unternehmens."[16] Und an gleicher Stelle heißt es weiter: „Regelungen zur Corporate Governance haben grundsätzlich die Aufgabe, durch geeignete rechtliche und faktische Arrangements die Spielräume und Motivationen der Akteure für opportunistisches Verhalten einzuschränken."

In der Policy Note des Committee for Development Policy der Vereinten Nationen „Global governance and global rules for development in the post-2015 era"[17] werden Grundsätze für Reformen benannt.

Als Beispiele werden fünf Schwerpunkte definiert:

---

16 https://wirtschaftslexikon.gabler.de/definition/corporate-governance-28617#head7 (Abgerufen: 24.07.2022)

17 Global governance and global rules for development in the post-2015 era, United Nations publication. Sales No. E.14.II.A.1, ISBN 978-92-1-104689-2, eISBN 978-92-1-056769-5, Copyright @ United Nations, 2014

(1) Gemeinsame, aber differenzierte Verantwortlichkeiten entsprechend den jeweiligen Fähigkeiten.

(2) Der Grundsatz der Subsidiarität

(3) Eingliederung, Transparenz, Verantwortungsbewusstsein

(4) Kohärenz und

(5) Verantwortungsvolle Souveränität[18]

Warum wird hier auf die UNO referiert und was hat das Ganze mit meinem Unternehmen zu tun, werden sich jetzt einige fragen.

Die Themen gelten analog in Unternehmen.

Gemeinsame, aber differenzierte, Verantwortlichkeiten entsprechend den jeweiligen Fähigkeiten bedeutet: Wie ist das Unternehmensmanagement aufgestellt, wie sind die Aufgaben verteilt und ist jede Position mit der bestmöglichen Person besetzt? Oder machen Umbesetzungen Sinn, um damit das Unternehmen voranzubringen?

---

18 Global governance and global rules for development in the post-2015 era, S.28ff

Der Grundsatz der Subsidiarität/Dezentralität: Muss der CEO alle Entscheidungen treffen oder lassen sich Aufgaben besser verteilen und können bzw. sollen dann Entscheidungen auf Abteilungsebene gefällt werden, und welche Rahmenbedingungen müssen dann definiert werden?

Zusätzlich fällt hier der Sektor der Zulieferunternehmen mit hinein: Halten sich Ihre Zulieferer an alle vorgegebenen Regeln?

Zu prüfen wäre hier: Einhaltung Mindestlohn bzw. Existenzminimum, Arbeitsbedingungen, vertragliche Regelungen ... → kommt das Ihnen bekannt vor?

Ihnen steht ein Sozialaudit ins Haus, weil eben diese Grundlagen, von Ihrem Kunden an Sie durchgereicht, bei Ihnen geprüft werden sollen.

Hier gilt die Regel: Auftraggeber müssen sich bei Ihren Zulieferbetrieben versichern, dass dort alle Regeln eingehalten werden.

Letztlich bedeutet das, dass Sie bei Ihren Zulieferern, somit der nächsten Ebene(n), durch die Durchführung von Sozialaudits (oder ein entsprechendes Äquivalent) die Einhaltung der Regeln sicherstellen.

Der Wortlaut des Gesetzes verlangt die gesamte Lieferkette![19]

Inklusivität, Transparenz, Zuständigkeit/Verantwortungsbewusstsein:

Inklusion (von lateinisch inclusio „Einschluss, Einschließung"): Wie bezieht man Menschen mit ein? Im Betrieb wird hier auf das Prinzip der Versammlungsfreiheit und das Prinzip der Kollektivverhandlung referiert.[20]

Transparenz: Hier wird im Betrieb auf die Einheitlichkeit von Verträgen und deren Anwendung und Umsetzung referiert.

Verantwortungsbewusstsein: Hier geht es um die Zurechenbarkeit unternehmerischer Verantwortung (z.B. die Einhaltung von sozialen Standards in der Lieferkette, die z.B. durch Sozial-Audits überprüft werden.)

Kohärenz beschreibt die Geschlossenheit bzw. den Zusammenhalt im Unternehmen, hier wird auf

---

19 https://www.gesetze-im-internet.de/lksg/ (Abgerufen: 10.06.2023)

20 https://www.ilo.org/berlin/arbeits-und-standards/kernarbeitsnormen/lang--de/index.htm

(Abgerufen: 24. 07. 2022)

Diskriminierung, Mobbing und/oder Missbrauch abgestellt.

Der UN-Report beschreibt **verantwortungsvolle Souveränität** als „notwendig für die effiziente Bereitstellung der globalen öffentlichen Güter, die für die Bewältigung der Interdependenz und die das Erreichen einer globalen nachhaltigen Entwicklung."[21] Auf den Betrieb heruntergebrochen, geht es hier um den Umgang mit Ressourcen und der Umwelt im Allgemeinen.

3.6 Compliance

Compliance meint sinngemäß die Einhaltung von Gesetzen, Regeln und Normen.[22] Für Unternehmen bedeutet das, dass hier geprüft wird, ob alle entsprechenden rechtlichen Grundlagen eingehalten werden.
Die DIN ISO 37301[23] definiert wie folgt:

---

21 Global governance and global rules for development in the post-2015 era, S.30

22 https://wirtschaftslexikon.gabler.de/definition/compliance-
27721#:~:text=Definition%3A%20Was%20ist%20%22Compliance%22,von%20Gesetzen%2C%20Regeln%20und%20Normen. (Abgerufen: 14.06.2023)

23 INTERNATIONAL STANDARD, ISO 37301, First Edition 2021-04, Compliance Management Systems

11. Compliance: Erfüllung aller Compliance-Verpflichtungen der Organisation

12. Compliance-Kultur: Werte, ethische Grundsätze, Überzeugungen und Verhaltensweisen, die in einer Organisation vorhanden sind und mit den Strukturen und Kontrollsystemen der Organisation zusammenwirken, um Verhaltensnormen zu schaffen, die der Einhaltung von Vorschriften förderlich sind.

13. Compliance-Funktion: Person oder Personengruppe mit Verantwortung und Befugnis für den Betrieb des Compliance-Management-Systems.

14. Compliance-Risiko: Wahrscheinlichkeit des Auftretens und die Folgen der Nichteinhaltung der Compliance-Verpflichtungen der Organisation, und zusätzlich

15. Verhalten: Verhaltensweisen und Praktiken, die sich auf die Ergebnisse für Kund:innen, Mitarbeitende, Lieferanten, Märkte und Gemeinschaften auswirken.

Mit Compliance wird also ein übergeordnetes Thema abgebildet, in dem das juristische Umfeld der Unternehmung überprüft wird.

Zum Beispiel: Welche rechtlichen Rahmenbedingungen sind für das Betreiben des Unternehmens einzuhalten, u.a. Gewerbe-/Handelsregister, rechtliches Register (um auf dem aktuellen Stand der zutreffenden Gesetze zu bleiben), arbeitsrechtliche Grundlagen.

Obschon im Bereich Governance geprüft wird, wie und in welcher Umsetzung das Unternehmen geführt wird, wird bei Compliance auf die Einhaltung der rechtlichen Rahmenbedingungen geachtet. Hierbei gilt, dass die Zulieferbetriebe mit unter die Betrachtung fallen. Das ist wichtig insofern, als dass aus Verhaltensweisen der Zulieferer ein Compliance-Problem für das eigene Unternehmen erwachsen können.

Ein Beispiel könnte sein, dass durch den Einsatz von Chemikalien ein Umweltschaden (oder gar ein Personenschaden) bei Ihrem Zulieferbetrieb entsteht, der auf sie qua Auftraggeber zurückfällt, weil sie diese Chemikaliennutzung gefordert haben.

Dieses Zurückfallen meint nicht zwingend finanziell, vielmehr ist hier der, mögliche, Imageschaden, als relevantes Risikomerkmal gemeint, und dieser lässt sich nicht vertraglich ausschließen. Sie tauchen spontan auf und fallen unter „unternehmerisches Risiko!". Denn sie haben den Zulieferer ausgewählt. Zur Minimierung dieses Risikos werden die Zulieferbetriebe einem Ethik-Audit unterzogen.

Als zusätzliche Bereiche werden hier Nachverfolgbarkeit und Transparenz geprüft:
In der Produktion müssen Produkte und Chargen nachverfolgbar sein.
Alle Dokumente und angeforderten Unterlagen müssen ein transparentes Bild abgeben.

3.7 Arbeitssicherheit und Hygiene

Arbeitssicherheit ist ein Unterthema von Compliance, dass eigenen Richtlinien folgt.
Zum einen ist das sichere Arbeitsumfeld für die Mitarbeitenden eine verpflichtende Grundlage.
Zum anderen gilt es definierte Hygienevoraussetzungen zu erfüllen, z.B. Sauberkeit am Arbeitsplatz, Sauberkeit/Hygiene im Umfeld der Toiletten, Wasch- und Umkleideräume und dort, wo Mitarbeitende ihre Mahlzeiten einnehmen.
In jedem Land gibt es Vorschriften, die das Thema Arbeitssicherheit abbilden und regeln. Im Zweifelsfall

41

sind die Regelungen der ILO zum Thema Arbeitssicherheit heranzuziehen[24]:

Übereinkommen über Hygiene (Handel und
Gewerbe), 1964 (Nr. 120)
Übereinkommen über Sicherheit und
Gesundheitsschutz am Arbeitsplatz, 1981 (Nr. 155)
Übereinkommen über betriebliche
Gesundheitsdienste, 1985 (Nr. 161)
Übereinkommen (Nr. 187) über den
Förderungsrahmen für Sicherheit und
Gesundheitsschutz am Arbeitsplatz, 2006
Zusätzlich gibt es die ISO 45001:2018: Gesundheit und Sicherheit am Arbeitsplatz
Auf Ihrer Webseite beschreibt die ISO das Konzept wie folgt:[25]

„Für Organisationen, die es ernst meinen mit der Verbesserung der Sicherheit ihrer Mitarbeiter, der Verringerung von Risiken am Arbeitsplatz und der Schaffung besserer, sicherer Arbeitsbedingungen, gibt es die ISO 45001. Und weiter heißt es:
Der Aufbau der Norm ähnelt dem anderer ISO-Managementsysteme und ist den Anwendern von

---

24https://www.ilo.org/global/standards/subjects-covered-by-international-labour-
standards/occupational-safety-and-health/lang--en/index.htm (Abgerufen: 10.06.2023)

25 https://www.iso.org/iso-45001-occupational-health-and-safety.html, (Abgerufen: 08.06.2023)

Normen wie ISO 14001 oder ISO 9001 vertraut. ISO 45001 baut auf dem Erfolg früherer internationaler Normen in diesem Bereich auf, wie z. B. OHSAS 18001, den ILO-OSH-Leitlinien der Internationalen Arbeitsorganisation, verschiedenen nationalen Normen und den internationalen Arbeitsnormen und -übereinkommen der ILO."

Der Bereich „Arbeitssicherheit" ist ein imminenter Bestandteil eines Sozial-Audits und jeder Schritt, der das Arbeitsumfeld der Mitarbeiter verbessert, ist zu begrüßen.

Nur das Vorhandensein eines Zertifikates bedeutet nicht, das die Arbeitsbedingungen gut sind, es ist jedoch ein Indikator für den Willen des Unternehmens das bestmögliche Arbeitsumfeld zu schaffen.

3.8 Umwelt

Jede unternehmerische Tätigkeit hat Auswirkungen auf die Umwelt, daher macht ein Nachhaltigkeitsaudit, dass Umweltfaktoren nicht berücksichtigt keinen Sinn.

In verschiedenen Auditkatalogen gibt es unterschiedliche Ausprägungen der

Umweltbetrachtung, diese reichen von einem kurzen Überblick bis zu umfangreichen Umweltprüfungen. Worum geht es?

In einem Umfeld, in dem Klimaaspekte immer wichtiger werden, und Kunden auch immer intensiver auf CO_2-Fußabdruck und die Vermeidung von (Plastik-) Abfällen achten, ist es für Unternehmen wichtig zu wissen, wie die eigene Lieferkette aufgestellt ist und wo potentielle Risiken zu erwarten sind.

Nicht alle unternehmerischen Tätigkeiten können ohne Risiko für die Umwelt umgesetzt werden, daher ist es um so wichtiger, die potentiellen Gefährdungen zu kennen.

Beispielsweise gibt es in der Textilindustrie einen hohen Bedarf an Färbereien. Das Färbereien mit potentiell gefährlichen Stoffen arbeiten, ist bekannt.

Für die Risikobetrachtung der Lieferkette ist es unerlässlich, zu wissen, welche Stoffe und in welchen Mengen, eingesetzt werden. Gibt es eigene Klärwerke oder wie ist die Abwassersituation vor Ort organisiert?

Ebenso ist es von Interesse zu wissen, inwieweit Strom über erneuerbare Energien bezogen wird und aus welchen Quellen, oder warum nicht.

Umgekehrt stellt sich die Frage beim geprüften Betrieb, weshalb bin ich verpflichtet, diese Daten bereitzustellen?

Hier ist eher auf die Wirkung des „sich mit dem Thema beschäftigen" abzustellen.

Viele Unternehmer:innen wissen, wie hoch der eigene Energiebedarf bzw. -verbrauch ist, das ist unstrittig. Durch das Hinterfragen dieser Daten wird automatisch wieder der Focus auf die Verbräuche und Bezugsquellen gelenkt und Unternehmen beginnen sich mit potentiellen Einsparpotentialen zu beschäftigen.

Wenn viele Entitäten viele kleine Schritte zu Einsparungen und Verbesserungen vornehmen, führt das automatisch zu einer Entlastung der Umwelt.

Diese Situation gilt ebenso für die Abfallmengen, die in den Unternehmen entstehen.

Hier wird die Perspektive erweitert:
1. Welche Arten von Abfällen fallen an?
2. Wie werden Abfälle entsorgt? Recycling oder Müllhalde?
3. Lässt sich nachvollziehen, wie Abfall behandelt wird, wenn die Entsorgung über Dritte erfolgt?

In diesem Kontext soll erreicht werden, dass die Umwelt nicht stärker als unbedingt notwendig belastet wird.

Die ersten Fragen drehten sich um Land und Luft: Schauen wir auf Lärm.

Wenn ein Unternehmen „auf der grünen Wiese" gebaut wird, entstehen im Umfeld meist Dörfer da die Arbeitnehmenden in der näheren Umgebung des Arbeitsplatzes wohnen möchten. Dazu kommen dann Einzelhandelsgeschäfte, die den täglichen Bedarf der Menschen abdecken.

Spätestens jetzt kommt auf das Unternehmen die Frage der potentiellen Lärmbelästigung zu. Daher ist es wichtig, zu wissen, welche Lärmemissionen durch den eigenen Prozess emittiert werden.

Ein weiterer Block beschäftigt sich mit Biodiversität.

Das Unternehmen versiegelt Flächen. Lassen sich diese Flächen kompensieren? Welche Möglichkeiten hat das Unternehmen, die direkten Einflüsse auf die Umwelt zu minimieren.

Hier an dieser Stelle wird dann deutlich, warum diese Audits „Nachhaltigkeitsaudits" genannt werden – es werden die Gegebenheiten abseits des tatsächlichen Produktionsprozesses geprüft.

Durch diese Audits konvertieren Arbeitnehmende und Umwelt von Kostenfaktoren zu Produktionsfaktoren, die damit einer anderen Betrachtung unterliegen als Kostenfaktoren. Der Betrieb erkennt, dass er von einem nachhaltigen Umgang mit Mitarbeitern und Umwelt profitiert und im Idealfall wird erreicht, dass Unternehmen Nachhaltigkeitsaspekte, jeglicher Art, stärker in den Fokus nehmen.

Als zusätzlicher Betrachtungspunkt kommt der Perspektivwechsel zur Umwelt in Betracht.
Welche Einflüsse hat bzw. kann die Umwelt auf ihr Unternehmen haben?

Als klassisches Beispiel ist hier die Flusslage zu benennen:
Ausgangslage: Ihr Werk liegt an einem Fluss, sie verarbeiten Chemikalien und sie nutzen das fließende Gewässer als Transportweg.

Hier kommen dann verschiedene Fragen zum Tragen, bei denen auf ihr Risikomanagement zurückgegriffen wird.

Was kann passieren, wenn der Fluss:

a) bei Hochwasser über die Ufer tritt oder

b) bei Niedrigwasser ggf. sogar trockenfällt?

Wie sind sie vorbereitet?

Wie sind die Notfallketten organisiert?

Und, und, und..

Ähnliche Fragestellungen stellen sich, wenn z.B. das zu prüfende Werk eine Gebirgslage hat.

In diesem Fall kämen Gesteinsschlag und Erreichbarkeit als Betrachtungsszenarien hinzu.

4 Kundenanforderung: Sozial-/Nachhaltigkeitsaudit

4.1 Ein Kunde verlangt ein Sozial-Audit (Ethik-Audit)

Ihr Unternehmen hat ein großes, internationales Unternehmen als Kunden gewonnen. Sie sind stolz darauf, aber dann wird Ihnen gesagt: „Bevor wir die erste Lieferung abrufen können, müssen Sie ein Sozial-Audit durchführen lassen. Der Prüfstandard, den wir akzeptieren, ist: „*xyz*". Um es Ihnen leichter zu machen, haben wir etwas vorbereitet, so dass alle Informationen haben und möglich Prüfgesellschaften finden."

Jetzt ist an Ihnen sich einen Dienstleister zu suchen, der den gewünschten Standard prüfen kann und darf. In Idealfall bekommen Sie eine Agenda und einen Überblick über die Informationen, die im Audit benötigt werden und bereiten sich auf den Prüftermin vor.

... Wie immer, läuft es nicht immer so reibungslos, und das Audit wird aufregend für Sie ...

Ebenso der Berater, der Sie sonst bei den Zertifizierungen begleitet, hatte bislang nicht genug

Erfahrung sammeln können, um Sie durch das anstehende Ethikaudit zu begleiten, und der Audittermin steht kurz bevor.

Daher heißt es in dieser Situation: Ruhe bewahren und so sinnvoll wie möglich vorbereiten.

4.2 Code of Conduct

Ein Eckpfeiler der Prüfung ist der Verhaltenskodex. In vielen Fällen können Unternehmen mit diesem Begriff wenig anfangen.

Das Wirtschaftslexikon Gabler[26] definiert den Code of Conduct als „eine Sammlung von Richtlinien und/oder Regelungen, welche sich Unternehmen im Rahmen einer freiwilligen Selbstbindung selbst auferlegen. Die formulierten Verhaltensanweisungen dienen als (grundlegende) Handlungsorientierung für Mitarbeiter, um erwünschtes Verhalten zu kanalisieren bzw.. unerwünschte Handlungen zu vermeiden. Thematisch kann das Regelwerk sehr breit

---

[26] https://wirtschaftslexikon.gabler.de/definition/code-conduct-51600/version-274761
Revision von Code of Conduct vom 19.02.2018 - 15:09 (Abgerufen: 24.03.2023)

sein und von Korruption über den Umgang mit Kunden bis hin zu Arbeitszeitregelungen reichen und auch die Detaillierungstiefe kann höchst unterschiedlich sein. Oftmals Bestandteil von CSR-Strategien."

In Deutschland gibt es die Regierungskommission Deutscher Corporate Governance Kodex[27], die regierungsunabhängig einen Kodex für Unternehmen, die in den deutschen Aktienindizes gelistet sind, erarbeitet.

Für die meisten mittelständischen Unternehmen ist der hier aufgestellte Rahmen zu komplex und passt nicht an die vorhandenen Strukturen.
Ein angepasster, individueller Rahmen könnte zum Beispiel die folgenden Punkte umfassen:

4.2.1 Definition der Werte des Unternehmens

1.   Welche ethischen Werte bilden die Grundlage ihres Handelns?

---

27 https://dcgk.de/de/ (in englischer Sprache: https://dcgk.de/en/home.html) (Abgerufen: 24.03.2023)

2. Wissen Mitarbeitende und Geschäftspartner:innen von diesen Werten?
3. Sind die Werte verbindlich und kann sich jeder auf diese Werte berufen? Und wie?

4.2.2 Corporate Governance

1. Wie werden die selbst gesetzten Regeln umgesetzt?
2. Welche Möglichkeit gibt es, auf Verstöße zu reagieren?

Intern:

Wie reagiert das Unternehmen auf Verstöße durch die Mitarbeitenden?

Wie können Mitarbeitende Verstöße des Unternehmens melden?

extern:

Sind alle Geschäftspartner:innen über die Regeln informiert?

Wie reagiert das Unternehmen auf Verstöße von Geschäftspartnern:innen?

Wie können Geschäftspartner:innen auf Verstöße des Ihres Unternehmens reagieren?

4.2.3 Soziales Miteinander

1. Wie gehen Unternehmen und Mitarbeitende miteinander um?
2. Was regelt die Charta der UN-Menschenrechte[28]?
3. Wie werden diese Regeln im Unternehmen umgesetzt?
4. Gibt es lokale Gesetze? (Z.B. in Deutschland das Allgemeine Gleichbehandlungsgesetz (AGG))
5. Wie gehen Unternehmen miteinander um?

4.2.4 Nachhaltiges und ökologisches Verhalten

1. Wie definieren Sie Nachhaltigkeit?
2. Gibt es eine Definition für soziale Nachhaltigkeit?
3. Gibt es eine Definition für ökologische Nachhaltigkeit?

Diese Fragestellungen bilden einen Rahmen, in dem das Management, die für das eigene Unternehmen geltenden Regeln festsetzt.
Diese Regeln sind individuell, da jedes Management einen eigenen und individuellen Ansatz verfolgen kann und wird.

---

28 https://unric.org/de/allgemeine-erklaerung-menschenrechte/ (Abgerufen: 24.3.2023)

Wichtigste Regel ist: Der Code of Conduct muss zum Unternehmen passen, nicht das Unternehmen zu Code of Conduct.

4.2.5 Verhaltenskodizes in der Umsetzung

Als Inspiration werden hier verschiedene Kodizes von Unternehmen in unterschiedlicher Größe und aus verschiedenen Branchen aufgeführt.

Beiersdorf[29]	Constantia
Flexibles[30]	
AS Creation[31]	Volkswagen[32]
Ankerkraut[33]	Vion[34]
BlackRock[35]	Heckler & Koch[36]

29 https://www.beiersdorf.com/investor-relations/compliance/code-of-conduct (Abgerufen: 15.06.2023)

30 https://www.cflex.com/general-terms-conditions/code-of-conduct/ (Abgerufen: 15.06.2023)

31 https://www.as-creation.com/unternehmen/ueber-uns/compliance/code-of-conduct (Abgerufen: 15.06.2023)

32 https://www.volkswagen-group.com/de/publikationen/weitere/code-of-conduct-1882 (Abgerufen: 15.06.2023)

33 https://www.ankerkraut.de/pages/nachhaltigkeit (Abgerufen: 15.06.2023)

34 https://www.vionfoodgroup.com/en/our-responsibility/ (Abgerufen: 15.06.2023)

35 https://www.blackrock.com/corporate/responsibility/ethics-and-integrity (Abgerufen: 15.06.2023)

36 https://www.heckler-koch.com/de/Unternehmen/Compliance (Abgerufen: 15.06.2023)

Carrefour[37]   Wacker Chemie[38]

Nolte[39]   Freeze Dry Foods[40]

Sainsburys[41]   McLaren[42]

4.3 Eine schnelle Lösung muss her

Die beiden gängigen Konzepte: ICS und SEDEX bieten Vorbereitungsdokumente an. Sie gehen auf die entsprechende Webseite, laden sich die Information herunter und los geht´s.

Ungünstigerweise sind die Informationen rudimentär, oder freundlicher ausgedrückt, global geschrieben, denn es will sich keiner in die Karten schauen lassen. Trotzdem, die schnelle Lösung ist:

4.3.1 Vorbereitung auf den Prüfumfang

Informieren Sie sich, auf Basis von welchem Standard Sie geprüft werden sollen.

---

37 https://www.carrefour.com/en/csr/responsible-conduct (Abgerufen: 15.06.2023)

38 https://www.wacker.com/cms/de-de/about-wacker/wacker-at-a-glance/corporate-strategy-and-policy-guidelines/ethical-principles.html (Abgerufen: 15.06.2023)

39 https://www.nolte.de/compliance.html (Abgerufen: 15.06.2023)

40 https://www.freeze-dry-foods.com/nachhaltigkeit (Abgerufen: 15.06.2023)

41 https://www.about.sainsburys.co.uk/sustainability/better-for-everyone/human-rights (Abgerufen: 15.06.2023)

42 https://group.mclaren.com/group/news/articles/code-of-conduct-and-business-ethics/ (Abgerufen: 15.06.2023)

Wird ein kundenspezifischer Fragebogen gefordert, so liegen für diesen zu meist Kriterien vor, nach denen geprüft wird. Fordern Sie diese Grundlagen an!

Themen durchgehen und Dokumente zusammensuchen, die zum Thema passen, denn besser halb vorbereitet als gar nicht.

Bei der Anforderung zur Prüfung, gibt es in aller Regel einen Ansprechpartner bei Ihrem Kunden, der für die Prüfung zuständig ist (teilweise sogar eigene Abteilungen); versuchen Sie weitergehende Informationen zu erhalten.

Intern beschäftigen Sie sich vorab mit den folgenden Themenkomplexen:

4.3.2 Arbeitssicherheit

Welche möglichen Gefährdungen sind im Betrieb zu berücksichtigen?
Beispielsweise:

- Chemische Gefährdungen
- Physische Gefährdungen
- Biologische Gefährdungen
- Ergonomische Gefährdungen
- Psychologische Gefährdungen

Liegen alle Gefährdungsbeurteilungen vor?

4.3.3 Dokumentenprüfung

Liegen alle Kopien von notwendigen Zulassungen, Genehmigungen und/oder Erlaubnissen vor? Pflichtdokument ist der firmeneigene Code of Conduct und die Zulassung als Gewerbebetrieb (z.B. Handelsregisterauszug).

4.3.4 Vorarbeiten / Organisation

Stellen Sie sicher, dass am Tag des Audits die Personalabteilung besetzt ist und dass Zugang (Zugriffsrechte müssen gewährleistet werden) zu allen Daten und Dokumenten möglich ist.

Ein Hinweis hierzu: Viele Audittermin werden nur als „Halb-Bekanntgegeben" durchgeführt, hierfür wird ihnen ein Zeitfenster avisiert.

Wenn beim Audit nicht alle Dokumente verfügbar sind, wird es schwierig ...

Wenn Sie Leiharbeitnehmende beschäftigen, weisen Sie die Leiharbeitsunternehmen darauf hin, dass Personaldaten von Leiharbeitnehmenden angefordert werden.

Gern wird von Leiharbeitsunternehmen, mit Hinweis auf den Datenschutz, der Zugriff auf die Daten verweigert. Hier gibt es zum Beispiel die Variante, dass Sie sich die Herausgabe in Ihren Rahmenvertrag garantieren lassen. Zum Beispiel durch Formulierungen wie: „Im Falle eines Sozialaudits stellt das Leiharbeitsunternehmen die angeforderten Daten bereit.", wobei diese Formulierung nur als Beispiel gedacht ist und keine rechtliche Bindung entfaltet.

Vielmehr soll hier darauf hingewiesen werden, dass sich jedes Unternehmen im Vorfeld mit seinen Dienstleistern auf das Bereitstellen von Dokumenten einigen muss. Wie oder welche Lösung sie finden, obliegt dem Einzelfall, wichtig ist nur, dass der Zugriff ermöglicht wird.

Grundsätzlich können Sie davon ausgehen, dass Ihnen hierfür eine entsprechende Unterschrift vorliegen wird, da die Mitarbeitenden gebeten werden, die eigenen Daten freizugeben.

Hinweis: Es werden keine Daten verarbeitet. Die Personendaten werden als einzig relevante Verknüpfung der angeforderten Daten akzeptiert, um mögliche Fälschungen und Täuschungen zu erschweren.

Zum Zeitpunkt des Entstehens dieser Zeilen sind erste Konzerne dazu übergegangen, das Nicht-Bereitstellen von Unterlagen als Hebel zur Liefersperre zu nutzen. Die Sicherstellung von menschenwürdigen Arbeitsverhältnissen hat hier höchste Priorität und wird pauschaliert global angewandt.

4.4 Sprichwort: „Der kluge Mensch baut vor"

Die bessere Variante ist, Sie schauen sich auf dem Markt nach Literatur um, die Ihnen bei der Vorbereitung hilft.

Sie werden vermutlich keine Literatur finden, die alle Fragen behandelt, denn das würde den Sinn verfehlen.

So, wie es für die ISO 9001 keine „passt immer" Situation gibt, denn jedes Unternehmen ist anders. Ein Managementsystem macht nur Sinn, wenn es zum Unternehmen passt.

Umgekehrt, das Unternehmen an das Managementsystem anzupassen, wird im Endergebnis nicht funktionieren, da gelebte Prozesse nicht vom System erfasst werden.

Bei einer Vorbereitung auf ein Sozialaudit ist es ähnlich: Es werden Themenbereiche abgefragt, aber jedes Unternehmen kann verschiedene Wege beschreiten, um verschiedenartige Heraus- bzw.. Anforderungen zu erfüllen.

Das bedeutet: Schauen Sie Ihr Managementhandbuch an, und finden Sie heraus, wo und wie die einzelnen Anforderungen in das System eingebaut werden können.

Je besser die Anforderungen mit Ihrem betriebseigenen Managementsystem verknüpft sind, desto leichter werden Sie durch die anstehenden Sozialaudits kommen.

Die wichtigste Regel ist:

Wenn Sie einige Kernelemente nicht abbilden können, erwartet Sie ein Nachaudit.

Im schlimmsten Fall verlieren Sie einen Kunden.

Warum das so ist? Weil es dem Auftraggeber schwerfällt, zu gewährleisten, dass seine Lieferkette den gesetzlichen Vorgaben entspricht.

Und dass hat nichts mit der Qualität der gelieferten Produkte zu tun!

5 Ein Rahmen für die Führung

5.1 Vorbereitung

Vorab: Ein Sozialaudit ist kein Hexenwerk!

Im Gegensatz zu den „normalen" Audits ist nicht der Prozess, sondern die Mitarbeitenden, der Dreh- und Angelpunkt der Betrachtung.

Alle Fragen drehen sich in erster Linie um die Betriebsangehörigen und deren Stand / Status im Unternehmen.

Es ist evident, dass die üblichen Stammdaten abgefragt werden, aber darauffolgend fokussieren sich die Themen auf die Arbeitsverhältnisse und der Kristallisationspunkt ist der Arbeitnehmer/in.

Nehmen Sie keinen Fragenkomplex auf die leichte Schulter!

Selbst wenn Sie der Meinung sind, dass die Rechtslage in Ihrem Umfeld Kinderarbeit oder Zwangsarbeit verbietet ... Stellen Sie sich den Fragen und hinterfragen Sie Ihre Prozesse!

Die Sozialauditoren durchlaufen einen Ausbildungsprozess, den die APSCA – Association of Professional Social Compliance Auditors[43] entworfen

---

43 https://www.theapsca.org/ (Abgerufen: 16.08.2022)

hat, um einen weltweit einheitlichen Standard sicherzustellen.

Das bedeutet, dass jeder zugelassen Auditor theoretisch Audits in jedem Land der Welt und nach einheitlichen Kriterien abwickeln kann.

Lokale Auditoren kennen die Feinheiten der örtlichen Rechtslagen besser, als Kollegen von außerhalb, das schließt aber nicht aus, dass Sie gegebenenfalls von einem Prüfer aus einem anderen Land geprüft werden.

Die Zusammenarbeit mit Kollegen aus anderen Ländern sorgt bei den Auditoren, wie in einer Schulung, immer dafür, dass eigene Vorgehensweisen hinterfragt werden. Hierdurch und durch die tägliche Praxis lernen die Auditoren dazu und können sich auf die jeweiligen Situationen vor Ort einstellen bzw. reagieren.

5.2 Individuelle Vorbereitung

Abgesehen von den Basisstrukturen, die in 4.1 aufgezählt wurden, wie können Sie sich auf ein Sozialaudit vorbereiten?

1) Vorbereitung der Basisdaten des Unternehmens

1.1) Sind sie ein Einzelunternehmen oder ein Teil eines Unternehmensverbundes?

1.2) Welche Daten haben Sie im Haus bzw.. welche Daten werden ggf. zentral organisiert?

1.3) Wenn Sie Teil einer Unternehmensgruppe sind: Sorgen Sie dafür, dass sie am Tag des Audits Zugriff auf die Zentralfunktionen haben.

1.4) Wenn Sie Einzelunternehmen sind: Stellen Sie sicher, dass die Abteilungen so besetzt sind, dass alle Zugriffsrechte verfügbar sind.

1.5) Wenn Sie Teilaufgaben an Dritte (Steuerberater, externe Personalabteilung) vergeben haben, stellen Sie sicher, dass die wichtigsten Informationen im Haus sind, bzw., ggf. übermittelt werden können.

1.6) Informieren Sie Leiharbeitsunternehmen und Dienstleister, dass ggf. Daten von diesen abgefragt werden, verweisen Sie auf die Lieferketten-Gesetze.

Bitte bedenken Sie, dass Audits immer Stichproben sind, daher gibt es kein Patentrezept, welche Daten zusätzlich benötigt werden.

Im Auditverlauf kann es sich ergeben, dass einer Spur intensiver als einer anderen gefolgt wird, das obliegt dem Auditor und entsteht aus der Situation vor Ort heraus.

5.3 Strukturierte Vorbereitung

Eine strukturierte Vorbereitung wäre, wenn sie sich explizit um das Sozialaudit kümmern, und dafür eine Ordner- und eine Prüfstruktur, so wie Sie es bei Ihren Vorbereitungen zu ISO Prüfungen handhaben, entwickeln. Legen Sie hierfür die Kriterien Ihres Kunden zu Grunde.

Da die Prüfgebiete des Sozialaudits ineinandergreifen und trotzdem aus verschiedenen Perspektiven beleuchtet werden, können Sie z.B. die Struktur der Balanced Score Card nutzen.

6 Eine Balanced-Social-Scorecard

6.1 Was ist eine Balanced Scorecard (BSC)?

Prof. Dr. Dr. h.c. Jürgen Weber definiert: Die Balanced Scorecard ist ein Verbindungsglied zwischen Strategiefindung und -umsetzung. In ihrem Konzept werden die traditionellen finanziellen Kennzahlen durch eine Kunden-, eine interne Prozess- und eine Lern- und Entwicklungsperspektive ergänzt.[44]

Im Konzept der Balanced Scorecard werden die traditionellen finanziellen Kennzahlen durch eine Kunden-, eine interne Prozess- und eine Lern- und Entwicklungsperspektive ergänzt.

Norton und Kaplan haben damit das System der strengen Kennzahlen um eine Lernkurve bzw.. um eine Rückkopplung erweitert.

Es ist unstrittig, dass im Themenfeld der Strategieplanung andere Systeme eingesetzt werden und dass die Balanced Scorecard in machen Einsatzgebieten das Nachsehen hat. Für unsere Zwecke ist der zugrundeliegende Aufbau für die

---

[44] https://wirtschaftslexikon.gabler.de/definition/balanced-scorecard-28000/version-251640
Revision von Balanced Scorecard vom 20.02.2018 - 17:04 (Abgerufen: 26.122022)

Strategie eine sinnvolle Ausgangsposition, da es hier um eine Starthilfe geht.

6.2 Entwicklung einer Balanced Social Scorecard (BSS)

In der klassischen Strategy Map werden die vier Ansatzpunkte: Kunde, Finanzen, Lernen & Wachsen sowie interne Prozesse über Prüfpunkte vernetzt.

Für die Balanced Social Scorecard wird auf die Ausgangstruktur zurückgegriffen und die vier Vergleichsebenen in Sozial, Umwelt, Recht und Unternehmen umbenannt.
Greift man jetzt auf die Umweltfaktoren und den ETI-Base-Code zurück, so ergibt sich ein komplexes Geflecht, dass sich als Kugel besser darstellen lassen würde, da die verschiedenen Themen miteinander interagieren.

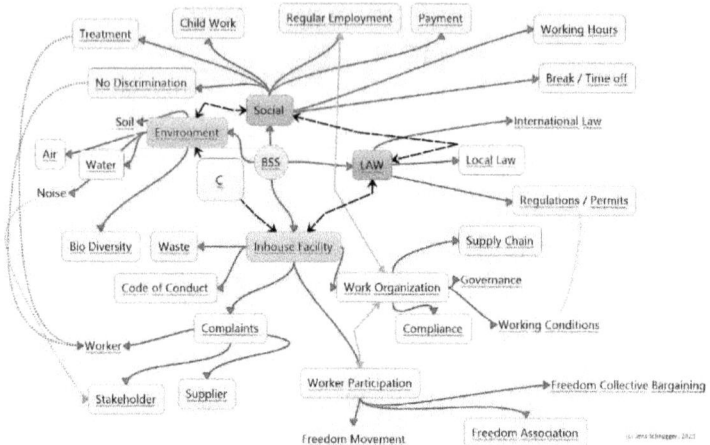

Abbildung 1: Zusammenhänge im Aufbau einer Balanced Social Scorecard

In dem Bild ist zu erkennen, dass Ebenen interagieren: hier exemplarisch:

1) „[humane] Treatment" und „No Discrimination" verlinken auf Complaints/Worker → da es hier die Beschwerdefunktion für die Mitarbeitenden gibt.

2) Environment/Noise verlinkt auf Complaints/Stakeholder → hier können sich Anwohner über Lärmemissionen des Unternehmens beschweren.

3) Es gibt z.B eine Verbindung „Regular Employment" zu „Work Organisation" und „Worker Participaion" → der erste Teil behandelt den Einsatz von Leiharbeitnehmenden und der zweiter das Mitspracherecht der Arbeitnehmenden.

4) Das letzte Beispiel verknüpft „Regulation/Permits" mit „Working Conditions" hier wird die Einhaltung rechtlicher Vorgaben bei den Arbeitsbedingungen abgebildet.

6.3 BSS: Ein Ansatz

Das strategische Vorgehen zur Vorbereitung auf ein Sozialaudit ist, dass das zuständige Managementteam sich mit den Grundlagen eines Sozialaudits beschäftigt und dann die aktuelle Umsetzung im eigenen Unternehmen geprüft wird.

6.3.1 SEDEX / SMETA / ETI Base Code

Als leichtester Startpunkt ist das Prüfen der Umsetzung des ETI-Base-Code zu werten.

Im Januar 1998 schlossen sich die britischen Einzelhändler ASDA, Premier Brands, The Body Shop, Littlewoods und Sainsbury's und u.a. die Hilfsorganisationen Oxfam, Christian Aid und die Fairtrade Foundation sowie Arbeitnehmerrechtsorganisationen und Gewerkschaften als gemeinnützige Gesellschaft zusammen, um grundlegende Menschenrechte in globalen Lieferketten zu fördern.

Ein Modell-Verhaltenskodex wurde verhandelt und entwickelt: Der Basiskodex, der international vereinbarte Arbeitsnormen widerspiegelt. Zudem wurden erste Umsetzungsgrundsätze ins Leben gerufen, die zu einer guten Praxis bei der Anwendung des Kodex führen würden.

Der Basiskodex ist heute noch fast identisch mit dem von 1998, ebenso wie die Erwartungen an die Mitglieder: Auf eine kontinuierliche Verbesserung ihrer ethischen Handelsstrategien und -praktiken hinzuarbeiten und jährlich darüber zu berichten.

Ganz allgemein gilt der Basiskodex nach wie vor als Goldstandard, und viele Tausende von Unternehmen arbeiten nach ihm, ob sie nun Mitglieder sind oder nicht.[45]

Die neun Themen des Base Code sind:[46]
1. Die Beschäftigung ist frei gewählt
2. Freiheit der Vereinigung
3. Die Arbeitsbedingungen sind sicher und hygienisch
4. Kinderarbeit darf nicht eingesetzt werden
5. Es werden existenzsichernde Löhne gezahlt
6. Die Arbeitszeiten sind nicht übermäßig lang
7. Es wird keine Diskriminierung praktiziert
8. Es wird eine regelmäßige Beschäftigung angeboten
9. Keine harte oder unmenschliche Behandlung ist erlaubt

Eine Kopie des ETI Base Code ist im Anhang zu finden.

Schaut sich ein selbstbewusster Manager die neun Überschriften an, so wird er mutmaßlich sagen: „Kein Problem, haben wir alles."
Erst auf den zweiten und dritten Blick kommen die Untiefen in diesem Fahrwasser ans Licht und eine

---

45 https://www.ethicaltrade.org/about-eti/why-we-exist (Abgerufen: 26.12.2022)

46 https://www.ethicaltrade.org/eti-base-code (Abgerufen: 26.12.2022)

etwas vertiefende Beschäftigung wird zu einem ähnlichen Ergebnis führen wie das Beispiel aus Bild 1. Jedes Unternehmen muss für sich definieren, wie die Teilbereiche „Sozial", „Umwelt", „Recht" und „Unternehmen" zusammenspielen. Es gibt keine einheitliche Lösung. In jedem Land existieren unterschiedliche rechtliche Grundlagen, z.B. sind die rechtlichen Grundlagen für die Entgeltregelung in Österreich und Deutschland grundverschieden und der Einsatz von Leiharbeitnehmenden in Taiwan ist anders als der in den USA. Eben diese Ungleichheit kann überwunden werden und somit werden die Unternehmen in allen Ländern vergleichbar, trotz aller rechtlichen Unterschiede.

6.3.2 Das System ICS

Auf ihrer Webseite[47] und in dem Handbuch für Fabriken[48] beschreibt sich die ICS wie folgt: (Webseite) : ICS (Initiative for Compliance and Sustainability) ist eine in Frankreich ansässige Initiative, die 1998 von der FCD (Fédération Française du Commerce et de la Distribution) gegründet wurde und 2018 ihr zwanzigjähriges Bestehen feierte!

Die ICS-Mitgliedsmarken und -Einzelhändler arbeiten seit ihrer Gründung zusammen, um die Arbeitsbedingungen nachhaltig zu verbessern und ihre Zulieferbetriebe verantwortungsbewusst dabei zu unterstützen, Fortschritte zu erzielen und die Vorschriften einzuhalten. ICS ermöglicht es seinen Mitgliedsunternehmen, mit gemeinsamen Instrumenten zusammenzuarbeiten, Audits auszutauschen, die „Auditmüdigkeit" zu verringern und Wissen und bewährte Verfahren auszutauschen.

Dieses System ist also dafür gedacht, dass Auditberichte in einer Datenbank für alle

47 https://ics-asso.org/ (Abgerufen: 08.06.2023)

48 https://ics-asso.org/resources/ (Abgerufen: 08.06.2023)

Mitgliedsunternehmen einsehbar sind, und dass auf vorhandene Ergebnisse aufgesetzt werden kann.

Im Handbuch wird weiter ausgeführt:
ICS ist eine branchenübergreifende Initiative von Sozial- und Umweltaudits in den Bereichen Textil, Bekleidung, Basar, Freizeit, Möbel, Armaturen, Ausrüstungen, Geräte und Lebensmittel mit dem Ziel, die Arbeitsbedingungen entlang der globalen Lieferketten zu verbessern.

Dass sich hier eine große Zahl von Branchen auf einen (bzw. zwei; da es einen eigenen Umweltfragenkatalog gibt) geeinigt hat, bedeutet auch, dass alle Unternehmen nach einem einheitlichen Fragenkatalog geprüft werden.
Das erhöht die Vergleichbarkeit.

ICS-Verhaltenskodex

Jedes ICS-Mitglied verlangt von seinen Lieferanten die Einhaltung des ICS-Verhaltenskodex, der durch einen eigenen detaillierten Verhaltenskodex des Mitglieds ergänzt werden kann. Mit der Unterzeichnung dieses Kodex verpflichten sich die Lieferanten, diesen einzuhalten und dafür zu sorgen, dass er auch von ihren eigenen Subunternehmern und Partnern respektiert wird: Die gemeinsame Verantwortung ist ein Schlüsselkonzept.

Der Verhaltenskodex umfasst die Themenbereiche:

➢ Kap. 0 - Managementsystem, Transparenz und Rückverfolgbarkeit

➢ Kap. 1 - Mindestalter, Kinderarbeit und junge Arbeitnehmende

➢ Kap. 2 - Zwangsarbeit

➢ Kap. 3 - Diskriminierung

➢ Kap. 4 - Disziplinarmaßnahmen, Belästigung oder Missbrauch

➢ Kap. 5 - Vereinigungsfreiheit und Beschwerdeverfahren

➢ Kap. 6 - Arbeitszeiten und Überstunden

➢ Kap. 7 - Vergütung und Sozialleistungen

➢ Kap. 8 - Gesundheit und Sicherheit

7 Strategie, Kennzahlen und Prüfpunkte entwickeln

Um eine gute Vorbereitung auf das Audit zu erreichen, muss als erstes in jedem Unternehmen individuell geprüft werden, welche Themen wie zusammenhängen.
Das soll mit der folgenden Grafik verdeutlicht werden.

Ausgehend von dieser Darstellung kann man einen Anfang machen, um einen strukturierten Ansatz zu entwickeln.
Wichtig dabei ist, dass diese Visualisierung keine endgültige Darstellung ist, sondern einen Denkanstoß bereiten soll.
Bei den darauf folgenden Kennzahlen und Prüfwerten dient der ETI Base Code als Richtwert für die Bestimmungen der Bestandteile.

		HSE	Contractor	Worker	Job	Money	HR	Managment System
				Key Indicators, Social Audits				
Managment System		Emergency Exit			Environment	Collective Bargaining		Stakeholder Management
		Emergency Pathways						
HR	Code of Conduct		Complaint System				Written Contract	
					Min. Wage			
			Contract Language				Proper Contract details	
					Living Wage			
			Proper Contract details				Contract Language	
			Bonus Scheme					
Money			Proper Payment				Payment Concept	
Job		Machine Safety			Job Promotion		Job Description	
			Overtime					
		E-Safety				Job Cluster		
			Working Hours					
		Workspace Safety				Gender Dependent		
			Rest Breaks					
Worker			Workers Committee				Contact Possibility	
			Union					
								Recruitment Abroad
Contractor			Recruitment Fee				Written Contract	
			Sub-Contracting					
			Debt Scheme				Proper Contract details	
			Out-scourcing					
							Contract Language	
HSE					Waste Handling			
			HSE Committee				Accidents	
© Jens Schnuegger, 2023				Dormitory				

Fire Safety & Accidents

Abbildung 2: Entwurf Gundgerüst

7.1 Kennzahlen

Bevor wir über mögliche Kennzahlen sprechen, muss ein grundsätzlicher Punkt in Bezug auf die angewandten Kennzahlen geklärt werden: Kennzahlen um der Kennzahl wegen, machen keinen Sinn, denn sie müssen sinnvoll sein und eine Aussage haben.

Eine Kennzahl könnte sein:

$$Korrekte\ Entlohnung = \frac{\text{Anzahl Mitarbeiter die mindestens Mindestlohn erhalten}}{Anzahl\ der\ vertraglich\ gebundenen\ Mitarbeiter}$$

Abbildung 3: Musterkennzahl

Die Frage ist, nützt diese Zahl etwas?
Um diese Zahl mit Leben zu füllen, müsste zu jedem Mitarbeitenden der aktuelle Lohn bzw. Mindestlohn zur Verfügung stehen. Zusätzlich müsste die Anzahl der Mitarbeitenden a) definiert und b) verfügbar sein. Wenn denn diese Werte zur Verfügung stehen, ergibt das Ergebnis nur ein JA oder NEIN.
Wobei „Nein" als Ergebnis nicht gut ist.

Ein Problem könnten hier zum Beispiel die Auszubildenden sein. Rechnet man deren Gehalt durch die Stunden, wird man auf Werte unter dem Mindestlohn kommen. Andererseits ist es möglich, dass das Gehalt der Auszubildenden von externen Stellen vorgegeben ist.

Und zusätzlich muss geklärt werden: Was bedeutet „vertraglich gebunden"? Sind da die Leiharbeitskräfte inkludiert, denn diese werden über einen Rahmenvertrag an das Unternehmen gebunden.

Das bedeutet, dass jede Kennzahl notwendigerweise sorgfältig durchdacht sein will, bevor diese genutzt wird.

7.1.1 Rahmenwerte

Key Indicators, Social Audits								
	HSE	Contractor	Worker	Job	Money	HR	Managment System	
Managment System		Environment						Fire Safety & Accidents
HR								
Money	Code of Conduct							
Job								
Worker								
Contractor								
HSE								
© Jens Schnuegger, 2023		Dormitory						

Abbildung 4 Beeinflussung durch Rahmenwerte

Basis-Werte (Rahmenwerte):

1) Code of Conduct   Ja / Nein   → Wenn Nein: Code of Conduct entwickeln.

2) Umwelt:

2.1.   Sind alle rechtlichen Grundlagen bekannt?

2.2.   Welche Einflüsse auf die Umwelt hat das Unternehmen?

2.3. Welche Einflüsse auf das Unternehmen hat die Umwelt?

2.4. Wie können betroffene Dritte Beschwerden vorbringen?

2.5. Wie ist die Reaktion auf die Beschwerden organisiert?

2.6. Welche Schulungen für Mitarbeitende sind notwendig?

3) Feuer und Unfälle:

2.1. Welche Brandschutzmaßnahmen wurden ergriffen?

2.2. Werden Unfälle aufgezeichnet?

2.3. Werden Unfälle analysiert und Vorsorgemaßnahmen ergriffen?

4) Mitarbeiterunterkünfte

4.1. Werden Unterkünfte angeboten?
    Ja / Nein

4.2. Wenn Ja: Sind alle Prüfpunkte, wie im Unternehmen, geprüft worden?

4.3. Wenn nicht alle Prüfpunkte geprüft wurden: Warum nicht?

7.1.2 Zuordnung und Generierung von Kennzahlen

Aus der Balanced Scorcard und der Strategy Map ist bekannt, dass die verschiedenen Kennzahlen den unterschiedlichen Perspektiven zugeordnet werden.

Die Perspektiven in diesem Fall weichen deutlich von den bekannten Strukturen ab, so dass die Umbenennung in eine Balanced Social Scorecard (BSS) Sinn macht.
Für die BSS sind in der obigen Darstellung (vergl. Seite 33) die folgenden Perspektiven definiert worden:

Management System, Human Resources, Worker, Contractor, Heath & Safety, Money, Job

Und als Rahmenperspektiven:
Code of Conduct, Environment, Fire Safety & Accidents sowie Dormitory

Auf Basis der Grafik „Themenzusammengehörigkeit" werden die folgenden Prüfwerte angedacht:
Grundsätzlich gibt es Werte, die fest definiert sind: JA = 1 und NEIN = 0.

Ist ein Wert kleiner 1, lässt sich potentiell hieraus eine erhöhte Gefährdung für die Mitarbeitenden ableiten. Nicht immer ist eine „richtige" Kennzahl notwendig, insbesondere, wenn die Fragen eine „Ja / Nein" Antwort benötigen.

7.2 Rahmenperspektive

Bei den Rahmenperspektiven ist zu beachten, dass sie alle Perspektiven betreffen.

In den Unterpunkten werden immer Teilaspekte der Rahmenperspektiven betrachtet, so dass die Aspekte immer dort geprüft werden, wo es Sinn macht.

7.2.1 Verhaltenskodex (Code of Conduct)

Im Code of Conduct wird das Verhältnis von Unternehmen zu Mitarbeitenden und Umwelt sowie das angestrebte Verhältnis der Mitarbeitenden untereinander definiert.

Diese Vorgaben sind unternehmensindividuell und geben den Kompass der Prüfung vor. Auf den Regelungen, die im Verhaltenskodex festgelegt werden, basiert die Organisation des Unternehmens, da sie sich aus der Unternehmensphilosophie herleiten.

Liegt ein eigener Code of Conduct vor? Ja / Nein
Wenn ja: Umfasst er alle notwendigen Punkte?
Besteht die Anforderung Ihres Kunden, den Kunden-
Code-of-Conduct zu veröffentlichen? Ja / Nein
Wenn ja:
Wo / Wie wurde veröffentlicht?
Wurde daraufhin geschult? Wann?
Wiederholungen?
Ist der Code of Conduct verstanden worden?

$$Code\ of\ Conduct = \frac{Eigener\ Inhalt}{Inhaltliche\ Vorgabe}$$

Bitte beachten Sie, dass in Ihrem Code of Conduct im gleichen Sinne das Verhältnis zu Ihren Zulieferbetrieben geregelt ist.

Das bedeutet, dass Sie die Einhaltung der vorgegebenen Richtlinien bei Ihren Zulieferbetrieben prüfen / sicherstellen müssen.

$$Drittwirkung\ des\ Code\ of\ Conduct = \frac{Situation\ beim\ Lieferanten}{Inhaltliche\ Vorgabe}$$

Wenn Sie zurzeit Lieferantenaudits bei Ihren Zulieferbetrieben durchführen, so müssen diese um die Inhalte Ihres Verhaltenskodex erweitert werden.
Führen Sie keine vor Ort Audits durch, so ist der überprüfbare Nachweis durch den Zulieferbetrieb zu erbringen.

Das bedeutet für Sie:
1) Prüfen der eigenen Vorgaben im Verhaltenskodex
2) Prüfung beim Zulieferbetrieb (z.B. auf:)
2.1) Löhne / Gehälter
2.2) Arbeitszeiten
2.3) Arbeitssicherheit
2.4) Diskriminierung / Mobbing
2.5) Missbräuchlicher Einsatz von Leiharbeitskräften
2.6) Sub-Lieferanten (ggf. dort ebenfalls zu prüfen)

Damit gilt, alles, was Ihr Kunden von Ihnen erwartet, müssen Sie bei Ihren Zulieferbetrieben sicherstellen bzw. überprüfen.
Ob Sie dieses durch eigenes Personal oder durch Dritte prüfen lassen, bleibt Ihnen überlassen.

Aus dem Verhaltenskodex leitet sich immer ein Governance-Ansatz ab.

$$Governance = \frac{Umsetzung\ im\ Betrieb}{Inhaltliche\ Vorgabe}$$

Das sieht übersichtlich aus, aber hier sind alle Teilaspekte zu beachten.

Beispielsweise: Home-Office: Wird bei Ihnen im Haus z.B. Microsoft Teams eingesetzt? (Betrifft gegebenenfalls jede andere Lösung)

Wurden von den Mitarbeitenden eigene Gruppen angelegt?

Sind externe Personen in diesen Gruppen?

Welchen Zugriff haben die externen Personen auf das Firmensystem (wurden ggf. Rechte vergeben und nicht wieder aufgehoben)?

Wurden Gruppen aufgelöst oder sind diese womöglich aktuell existent?

Bilden diese Gruppen Einfallstore für Dritte?

7.2.2 Umwelt (Environment)

Im Themenbereich Environment geht es zum einen um Umwelteinflüsse, die <u>durch</u> das Unternehmen entstehen und zum anderen darum, welche Einflüsse die Umwelt auf das Unternehmen hat.

Einflüsse auf die Umwelt können zum Beispiel Lärm- oder Luftemissionen sein.

Einwirkungen durch die Umwelt können sich z.B. durch eine Lage am Wasser (Gefährdung durch Hochwasserereignisse) oder durch eine abgelegene Lage (Gefährdung der Erreichbarkeit) ergeben.

An dieser Stelle muss jedes Unternehmen individuell für sich eruieren, mit welchen potentiellen Gefahren es sich auseinandersetzt.

Wie ist die Zuständigkeit geregelt?

Gibt es behördliche oder gesetzliche Auflagen? Ja / Nein

Wenn Ja: Sind alle Auflagen bekannt?

Welche Auflagen gibt es?

Gibt es ein Verzeichnis der Auflagen?

Sind alle Vorgaben aktuell?

Sind alle internen Maßnahmen aktuell?

Gibt es eine Umweltzertifizierung?

Gibt es eine Biodiversitätspolitik?

Sind alle Auswirkungen des Unternehmens auf die Umwelt bekannt?

CO_2 Fußabdruck

Lärmemissionen

Wasser- / Grundwassergefährdung?

7.2.3 Brandschutz & Unfälle (Fire Safety & Accidents)

Bei Fire Safety & Accidents dreht sich die Beobachtung um die organisatorische Betrachtung der Brandsicherheit und der (möglichen) Unfälle.

Für die nachfolgenden Punkte gilt: Wie sind die organisatorischen Grundlagen?

7.2.3.1 Notausgänge

Arbeitssicherheit ist eine der wichtigsten Voraussetzungen.
Ausreichende und begehbare Notausgänge müssen vorhanden sein.

$$Notausgang = \frac{(Abstand * (Wert\ Gegenüberliegend) * (Wert\ Beleuchtet) * (Wert\ Zuänglich) * (Wert\ Erreichbarkeit)}{Anzahl\ Notausgänge}$$

Oder:

$$Notausgang\ [Wert > 1?\,] = \frac{(Wert\ [2] * (Wert\ [3]) * (Wert\ [4]) * (Wert\ [5]) * (Wert\ [6])}{Wert[1]}$$

Für diese Kennzahl sind die folgenden Werte einzusetzen:

Wert 1: Anzahl der vorhandenen Notausgänge (fester Wert)

Wert 2: Abstand zwischen Notausgängen (gesetzliche Vorgaben)

Wert 3: Räumlich gegenüberliegende Notausgänge
- Gibt es gegenüberliegende Notausgänge? Ja/Nein

Wert 4: Beleuchtung der Notausgänge
- Ist für jeden Notausgang eine Notbeleuchtung vorgesehen? Ja/Nein
- Ist die vorhandene Beleuchtung in Funktion? Ja/Nein
- Wenn Nein: Bei wie vielen Notausgängen ist die Beleuchtung defekt?

$$Beleuchtung = (Wert\,Vorhanden)$$
$$* \frac{Anzahl\,Defekte\,Beleuchtung}{Anzahl\,Notausgänge}$$

Wert 5: Zugänglichkeit (gesetzliche Vorgaben)

- Liegen alle notwendigen gesetzlichen Grundlagen vor? (Ja/Nein)
- Detailprüfung: Welche Anforderungen werden an Notausgänge gestellt? (z.B. Stufen, Türöffnung, Öffnungsmechanismus)
- Liegen Ausnahmetatbestände vor?

$$\begin{aligned}
&Zug\ddot{a}nglichkeit\\
&= (Wert\ Gesetzlich)\\
&* \frac{(Anzahl\ problematische\ Notausg\ddot{a}nge - (\frac{Anzahl\ problematische\ Notausg\ddot{a}nge}{Anzahl\ vorliegender\ Ausnahmen}))}{Anzahl\ Notausg\ddot{a}nge}
\end{aligned}$$

oder:

$$(Anzahl\ problematische\ Notausg\ddot{a}nge) - \left(\frac{Anzahl\ problematische\ Notausg\ddot{a}nge}{Anzahl\ vorliegender\ Ausnahmen}\right)$$
$$= Zug\ddot{a}nglichkeit$$

Wert 6: Erreichbarkeit

- Sind alle Fluchtwege frei von Behinderungen? Ja/Nein

Erst wenn hier die Daten geprüft sind, lässt sich ein Wert ermitteln.

7.2.3.2 Fluchtwege

Mit Fluchtwegen sind die Wege gemeint, die zu den Notausgängen führen. In erster Linie sind hier die gesetzlichen Grundlagen zu beachten, was eine Selbstverständlichkeit sein sollte. Zusätzlich ist zu prüfen, ob Ihr Kunde, der das Audit fordert, spezifische weitergehende Anforderungen stellt.

$$Fluchtwege = \frac{gesetzliche\ Anforderungen + spezifische\ Anforderungen}{Anzahl\ Fluchtwege}$$

Diese Formel erscheint auf den ersten Blick, leicht lösbar zu sein.

Bei der genaueren Betrachtung kann es zu Problemstellungen kommen.

1) Haben Sie einen Überblick über die gesetzlichen Forderungen?

2) Sind Ihnen kundenspezifische Forderungen bekannt?

Wobei für beide Fragen gilt:

Wenn ja: Wie ist die Aktualisierung organisiert?

7.2.3.3 Unfälle

Unfälle gehören zu den Vorfällen im Arbeitsleben, die immer vorkommen können und die es gilt, vorbeugend zu verhindern.

Primär heißt es, daher festzustellen, ob eine Dokumentation vorhanden ist:

- Werden Unfälle aufgezeichnet?
- Werden Unfälle kategorisiert? Welche Kategorien gibt es?
- Werden Unfälle analysiert und Vermeidungsstrategien entwickelt? Wie sind Unfälle und Strategien dokumentiert und wie wird es nachgehalten?
- Wird eine Unfallstatistik geführt?

$$Unfallquote = \frac{Unfälle}{Anzahl\ Mitarbeiter}$$

$$Unfallquote\ Produktion = \frac{Unfälle\ Produktion}{Anzahl\ Mitarbeiter\ Produktion}$$

$$Unfallquote = \frac{Unfälle\ mit\ Todesfolge + Unfälle\ mit\ Körperschäden}{Anzahl\ Unfälle}$$

7.2.4 Mitarbeiter-Unterbringung (Dormitory)

Stellen Sie Wohnungen oder Schlafsäle für Mitarbeitende?

Sind für diesen Teilbereich alle arbeitsrechtlichen Prüfpunkte eruiert worden?

Der ETI Base Code fordert in Punkt 3.4: „Die Unterbringung muss, wenn sie bereitgestellt wird, sauber und sicher sein, sowie den Grundbedürfnissen der Arbeiter entsprechen."

Für jede Unterkunft ist individuell zu prüfen, ob Notausgänge, Fluchtwege, Ersthilfe, Brandschutz etc. korrekt umgesetzt sind.

$$Unterbringung = \frac{Prüfpunkte\ (HSE + Contractor + Worker + Job + Money + HR + Management\ System)}{Anzahl\ Unterkünfte}$$

In den Unterkünften unterliegen die Mitarbeitenden ebenfalls einer Gefährdung, da sie sich auf die, durch das Unternehmen organisierte, Sicherheit verlassen. Wurden alle Prüfpunkte, die für den Betrieb intern gelten, ebenfalls für die Unterkünfte geprüft?

Hierzu werden die Aufzeichnungen über die jeweiligen Prüfungen benötigt.

7.3 Themenspezifisch

Die Grafik 2 hat die Bereiche „Umwelt", "Brandsicherheit", „Mitarbeiterunterkünfte" und „Verhaltenskodex" als Rahmenbereiche vorgegeben, da diese in alle Bereiche hineinreichen.

Die Unterteilungen im Detail drehen sich um die Themen: „Management System", Personalabteilung", „Entlohnung", „Arbeitsplatz", „Mitarbeitende", „Dienstleister und Subunternehmer" sowie „Arbeitssicherheit".

Da die Unterteilung schematisch ist, wird jeder Bereich mit jeder Ebene verbunden. Das führt dazu, dass an verschiedenen Stellen ähnliche Thematiken hinterfragt werden.

7.3.1 Managementsystem

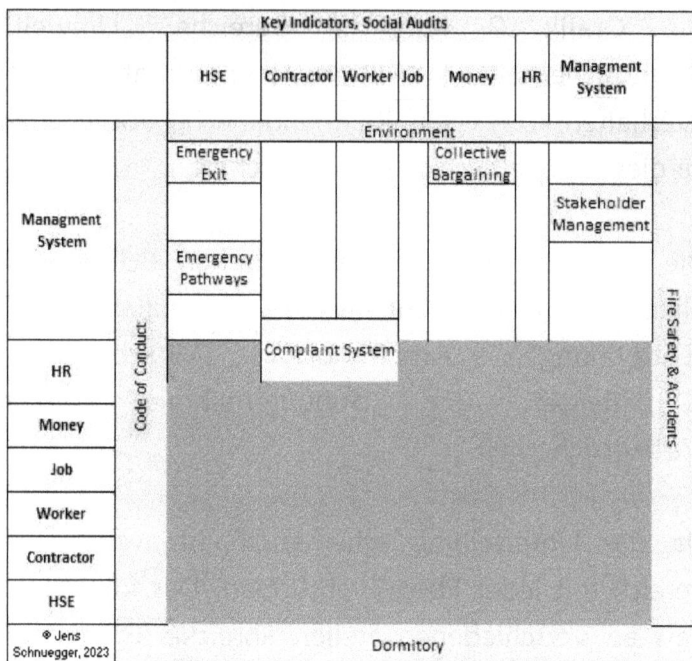

Key Indicators, Social Audits

	HSE	Contractor	Worker	Job	Money	HR	Managment System

Environment

Managment System | Emergency Exit | | | | Collective Bargaining | | |

Stakeholder Management

Emergency Pathways

Code of Conduct

Complaint System

HR

Money

Job

Worker

Contractor

HSE

Fire Safety & Accidents

© Jens Schnuegger, 2023

Dormitory

In diesem Bereich geht es im Schwerpunkt um organisatorische Fragen.

Der ETI Base Code setzt keine dezidierten Anforderungen an Managementsysteme, gleichzeitig ist ein Managementsystem als regulierendes Mittel unstrittig. In der oben dargestellten Grafik bilden vier Themenblöcke einen Rahmen, da diese alle Unterbereiche mit beeinflussen. Das

Managementsystem ist kein Rahmenelement, da es unternehmensspezifisch erstellt wird und der Verhaltenskodex den Rahmen für das Managementsystem vorgibt.

Aus dem Schaubild ergibt sich, dass für die Teilbereiche Arbeitssicherheit/Umwelt, Dienstleister, Arbeitnehmende, Arbeitsplatz, Entlohnung und Personal eigene organisatorische Betrachtungen anzustellen sind. Viele dieser Daten liegen in der Organisation vor, aber additiv sollten sie die folgenden Punkte ergänzen:

1) Notausgänge und Fluchtwege wurden oben behandelt (Punkt 7.2.3.1 / Seite 39f)
2) Beschwerdemanagementsystem: In dieser Betrachtung wird nur auf die Zusammenhänge bei Dienstleistern und Mitarbeitenden eingegangen. Zu beachten sind zusätzlich Dritte Parteien und die Lieferkette.

Prüfungspunkte können sein:

1) Gibt es ein Beschwerdesystem? (Ja / Nein)

   Wenn ja: Gibt es ein anonymes Beschwerdesystem?

2) Wie wird mit eingehenden Beschwerden umgegangen?

3) Gibt es ein Feedbacksystem?

4) Werden Mitarbeitende, die eine Beschwerde einreichen deswegen benachteiligt?

5) Wie sind diese Daten gespeichert und wie ist der Zugriff geregelt?

6) Werden die Daten vertraulich behandelt?

Hierfür gibt es keine Kennzahl, vielmehr wird das Verfahren durch die Nachverfolgung eines Vorganges geprüft.

a) Wann ist die Beschwerde eingegangen?

b) Wie genau war der Ablauf der Beschwerde?

c) Wie und an welcher Stelle wurde Rücksprache mit den betroffenen Stellen gehalten?

d) Wie wurde mit dem Feedback aus (c) umgegangen? Haben sich daraus neue Perspektiven ergeben?

e) Wie waren die Rückkopplungen?

f) Was wurde aus dem Vorgang gelernt und wie wurden die Ergebnisse zur Verbesserung genutzt?

Aus internationaler Perspektive gibt es den Punkt „Collective Bargaining", unter diesem Prüfpunkt werden verschiedene Unterpunkte betrachtet:
Versammlungsfreiheit und Verhandlungsfreiheit
Der ETI Base Code hat unter seiner Prüfziffer 2 den Punkt wie folgt definiert:

„Die Vereinigungsfreiheit und das Recht auf Tarifverhandlungen werden respektiert"

1) Dürfen sich Arbeitnehmende organisieren?
2) Welche rechtlichen Rahmenbedingungen sind zu beachten?
3) Wird die Organisation behindert?
4) Werden Mitarbeitende dafür bestraft (finanziell, Versetzung, Entlassung) weil sie sich zusammenschließen möchten?
5) Gibt es einen Tarifvertrag?
6) Wenn nein, wie sind die Entlohnungsstrukturen?
7) Wie wird sichergestellt, dass gleicher Lohn bei gleicher Arbeit gezahlt wird?

Einen weiteren Punkt, den es zu beachten gilt, ist der in der Grafik benannte Prüfaspekt: Stakeholder-Management. Hier ist zu prüfen:

1) Welche Parteien können ein berechtigtes Interesse an der Arbeit des Unternehmens haben?
Beispiele: Investoren, NGO´s staatliche Stellen, Presse
2) Wie ist der Umgang organisiert?
3) Gibt es Ansprechpartner:innen?
4) Welche Kompetenzen haben die Ansprechpartner:innen?
5) Wird die Kommunikation dokumentiert?
6) Welcher Nutzen konnte aus dem Dialog gezogen werden?

Im ETI Base Code wird als Punkt sieben gefordert:
„Diskriminierung wird nicht praktiziert"
Im Managementsystem muss daher geregelt werden, wie Diskriminierung verhindert wird, und zwar auf allen Ebenen.

$$\text{Diskriminierung} = \frac{\text{gewünschtes Verhalten} + \text{Schulungen} + \text{Publikationen}}{\text{Bekanntheit bei den Mitarbeitern}}$$

In Punkt 9 des ETI Base Code wird zusätzlich gefordert:

„Unmenschliche oder brutale Behandlung ist nicht erlaubt!

Daher wird bei der Prüfung der Beschwerdesysteme zusätzlich geprüft, wie die Regelungen bei Mobbing und Belästigungen sind und wie mit entsprechenden Hinweisen umgegangen wird.

$$\textit{Unmenschliche Behandlung} = \frac{(\textit{gewünschtes Verhalten} + \textit{Schulungen} + \textit{Publikationen}) * \textit{Beschwerdeweg}}{\textit{Bekanntheit bei den Mitarbeitern}}$$

Hinzu kommt der vorhandene Beschwerdeweg:

$$\textit{Beschwerdemöglichkeit} = \frac{\textit{Annonymer Beschwerdeweg} * \textit{offener Beschwerdeweg}}{\textit{Bekanntheit bei den Mitarbeitern}}$$

7.3.2 Personalabteilung (Human Resources)

	Key Indicators, Social Audits							
	HSE	Contractor	Worker	Job	Money	HR	Managment System	
Managment System			Environment					
HR	Code of Conduct	Complaint System				Written Contract		Fire Safety & Accidents
			Min. Wage					
		Contract Language			Proper Contract details			
			Living					
		Proper Contract details			Contract Language			
		Bonus Scheme						
Money								
Job								
Worker								
Contractor								
HSE								
© Jens Schnuegger, 2023		Dormitory						

102

Wie interagieren die in der Grafik genannten Beispielpunkte miteinander?

Bevor in die detaillierte Prüfung eingestiegen wird, sind ein paar grundsätzlich Fragen zu klären:

1) Erfolgt die Betreuung des Personals durch eine zuständige und kompetente Abteilung?

2) Gibt es eine Personalabteilung? Ist diese intern oder extern?

3) Wenn die Personalabteilung extern vergeben ist: Haben die Mitarbeitenden Ansprechpartner? Und wie sind diese zu erreichen?

Gibt es Sprechzeiten?

Wie können Mitarbeitende Fragen stellen?

Wie ist das Antwortmanagement organisiert?

Der Grundgedanke, der diesen Fragestellungen zu Grunde liegt, ist der, dass bei Problemen die Mitarbeitenden die Möglichkeit haben müssen, eine qualifizierte Auskunft zu erhalten. Wenn „nur" der Geschäftsführer Fragen beantworten kann, ist kritisch zu beleuchten, ob ein Mitarbeitender faktisch darauf vertrauen kann, dass zum Einen die Auskunft korrekt ist und zum Anderen, ob Fragen gestellt werden können, ohne dass die Gefahr der Entlassung besteht.

7.3.2.1 Freigewählte Arbeit

Der ETI Base Code (vergl. Anlage) benennt das Thema in Prüfpunkt eins:

„Das Arbeitsverhältnis wird frei gewählt"

Das bedeutet in der Betrachtung, dass zuerst geprüft wird:

Es besteht keine Zwangsarbeit, Zwangsknechtschaft oder unfreiwillige Gefängnisarbeit

Arbeitende werden nicht aufgefordert werden einen „Pfand" oder ihre Ausweisdokumente bei ihrem Arbeitgeber zu hinterlegen und

Es ist Arbeitenden freigestellt, ihren Arbeitgeber nach einer angemessenen Benachrichtigung (gemeint ist die Kündigung durch den Mitarbeitenden) zu verlassen.

In vielen Betrieben stößt diese Vorgabe auf Unverständnis, da sie sich nicht vorstellen können, warum das zu prüfen ist und die oben genannten Punkte selbstverständlich scheinen.

Hierbei ist zu beachten, dass ein jedes Land andere Ansätze bei Arbeitsverhältnissen verfolgt und dass das, was in A-Land gilt, noch lange keine Gültigkeit in B-Land hat.

Dass das Thema eine eigene Brisanz hat, soll am Beispiel des Vereinigten Königreiches dargestellt werden.

Im Vereinigten Königreich gilt der Modern Slavery Act 2015[49], jedes Unternehmen mit einer Betriebsstelle in UK wird gegen dieses Gesetz geprüft.

Der Gesetzentwurf wurde im Oktober 2013 von James Brokenshire, dem parlamentarischen Staatssekretär für Kriminalität und Sicherheit, in das Unterhaus eingebracht. Er wurde mit den Worten zitiert, das Gesetz würde „die deutlichste Botschaft an Kriminelle senden, dass sie, wenn sie in diesen widerlichen Menschenhandel verwickelt sind, verhaftet, strafrechtlich verfolgt und eingesperrt werden".[50]

Das scheint, eine große Kanone zu sein, mit der auf Spatzen geschossen wird; aber genau das ist es eben nicht!

---

49 https://www.legislation.gov.uk/ukpga/2015/30/contents/enacted
(Abgerufen: 08.06.2023)
50 https://en.wikipedia.org/wiki/Modern_Slavery_Act_2015
(Abgerufen: 08.06.2023)

Es ist leicht, das Gesetz bzw. seine Intentionen auf das tägliche Leben umzusetzen.

Beispiele:
1) Wird eine Reinigungskraft bar bezahlt?

Auswirkungen:
(a) Offensichtlich: Beide Parteien sparen Steuern (aber rechtlich: Steuerhinterziehung)
(b) Langzeitfolge: Die Reinigungskraft zahlt damit nicht in die Rentenkassen und läuft somit Gefahr, der Altersarmut zu unterliegen.

2) Ein rumänischer Schweißer wird in Westeuropa engagiert und erhält den örtlichen Mindestlohn. Da der Schweißer schnell eine Menge Geld verdienen möchte, arbeitet er Doppelschichten und/oder 7 Tage durchgehend – das Unternehmen, für das er tätig ist, stimmt diesem Verhalten zu.

Mögliche Auswirkungen:
(a) Wenig Ruhezeit beeinträchtigt das Arbeitsergebnis: Schlechtleistung, Regress.

(b) Der betroffene Mensch betreibt Raubbau an seinem Körper und die Unfallgefahr steigt.

(c) Nach einem Unfall wird er von seinem Unternehmen nicht weiterbeschäftigt und soll „nach Hause" zurückkehren. Das wie, wird ihm überlassen (und „natürlich" auf eigene Kosten!!)

(d) Nicht in allen Fällen werden die Stunden nach Auflösung des Arbeitsverhältnisses vollständig vergütet. Hierfür werden dann, vermeintliche, lokale Gesetze und Regelungen herangezogen, die der Arbeitnehmende nicht nachvollziehen kann (Das diesem Beispiel zugrunde liegende, vor Ort gefundene Dokument, hat Verblüffung bei der Prüfung ausgelöst ...).

Drittes Beispiel:

3) Reinigungspersonal: Das Personal wird nach Tarifvertrag, dabei aber mindestens nach Mindestlohn bezahlt.

Bis hierhin ist kein Problem erkennbar.

(a) Die Menge der zu reinigenden Fläche, bei gleicher Zeitvorgabe, wird erhöht. Damit wird faktisch unter Mindestlohn vergütet (gesetzlich oder tariflich).

(b) Die Zeitvorgaben für, gleichbleibende Flächengrößen werden verringert, damit steht weniger Zeit pro Fläche für die Reinigung zur Verfügung. Diese Vorgehensweise kann ebenfalls zur Unterschreitung des Mindestlohns führen.

4)Letztes Beispiel: Werkverträge mit Stückzahllimit.
Ein Unternehmer vergibt einen Werkvertrag mit einer zu leistenden Stückzahl.
Der Werkvertragsnehmer kalkuliert die zu schaffende Menge und setzt entsprechend viele Mitarbeitende zum gültigen Mindestlohn ein.
Über einen längeren Zeitraum kommt es zu Mehrleistung: zum einen, weil der Auftraggeber die Stückzahl erhöht und zum anderen, weil der Auftragnehmer keine zusätzlichen Mitarbeitenden bereitstellt.
Wenn aber jetzt jeder individuelle Mitarbeitende mehr leisten muss, so wird damit der Mindestlohn faktisch unterschritten, da in der gleichen Zeit mehr Arbeit geleistet werden muss.
Zur Verdeutlichung: Die Vorgabe ist z.B., dass jede Person 400 Stück pro Stunde schaffen muss. Durch einen Anstieg der Bestellungen sollen die arbeitenden Personen jetzt 450 Stück schaffen (das entspricht einer

um 12,5% höheren Arbeitsleistung, die nicht durch mehr Geld ausgeglichen wird (das ist nur vorübergehend...).

Nicht immer ist dort, wo Mindestlohn draufsteht, Mindestlohn drin! -- Achten Sie auf die Feinheiten!
Für die Auditoren gilt der Satz des Chremes: „Homo sum, humani nihil a me alienum puto."[51] Übersetzt: „Ich bin ein Mensch, nichts Menschliches, denk ich, ist mir fremd."

Nicht immer ist alles leicht zu erkennen.
Wie würden Sie, als Leser, die folgende Situation bewerten?

Einmal im Jahr findet zwischen Mitarbeitendem und Vorgesetztem ein Beurteilungsgespräch statt. Im Verlauf des Gesprächs wird die Arbeitsleistung des Mitarbeitenden bewertet. Der Vorgesetzte verweigert eine gute Benotung mit der Begründung, dass der Mitarbeitende keine Überstunden macht.

Es stellen sich die folgenden Fragen:

1) Der Arbeitnehmende schafft sein Pensum ohne Überstunden. Warum wird das nicht bewertet?

2) Wenn Überstunden freiwillig sind, warum dann die Kritik an den fehlenden Überstunden?

3) Was wird mit der Aussage erreicht??

Der Arbeitnehmende wird abgewertet, seine Arbeitsleistung wird nicht anerkannt und wird sich explizit nicht mehr für Mehrarbeit bewerben. (So im geprüften Fall.)

Was passiert jedoch, wenn der Arbeitnehmende nachgibt?

Hier ist der ETI Base Code zu beachten, der in Punkt *6.3 festlegt:*

"Überstunden werden freiwillig geleistet. Alle Überstunden müssen auf verantwortlicher Basis genutzt werden und das Folgende beachten: das Ausmaß, die Häufigkeit und die gearbeiteten Stunden durch einzelne Arbeiter und die Belegschaft als Ganzes. Überstunden dürfen nicht als Ersatz für reguläre Arbeitsverhältnisse genutzt werden. Überstunden werden immer mit einem Überstundenzuschlag vergütet, wobei empfohlen wird, dass dieser nicht unter 125% des regulären Lohns liegen sollte."

Die Antwort auf die oben gestellte Frage muss also sein:
Es liegt Zwangsarbeit vor, da der Mitarbeiter, um eine gute Beurteilung zu erhalten, Überstunden leisten muss.

Ein anderer Betrachtungspunkt ist die „gebundene Arbeit".
Gebundene Arbeit bedeutet, dass Arbeitnehmende in einem Betrieb über einen definierten Zeitraum arbeiten muss, da er z.B. Zahlungsverpflichtungen nachkommen muss.

Was hiermit gemeint ist, sind Geldmittel, bei denen man nicht umhinkam sie aufzuwenden, um sich zu befähigen, die Arbeit aufzunehmen.
Ein Beispiel:
Ein Arbeitnehmer aus Land A möchte gern einen Job in Land B annehmen. Um den Job zu bekommen wendet er sich an eine Vermittlungsagentur, die ihm,

gegen Entgelt, Pass, Visum, Job, Arbeitsgenehmigung und Unterkunft.

Der Vermittler gewährt einen Kredit, den der Arbeitnehmer nur durch die Bindung an eine definierte, Mindestlaufzeit des Vertrages abarbeiten kann.

Hier gilt insbesondere das erste Kapitel des ETI Base Code:

1. Das Arbeitsverhältnis wird frei gewählt
1.1 Es besteht keine Zwangsarbeit, Zwangsknechtschaft oder unfreiwillige Gefängnisarbeit.
1.2 Arbeiter werden nicht aufgefordert einen „Pfand" oder ihre Ausweisdokumente bei ihrem Arbeitgeber zu hinterlegen und es ist ihnen freigestellt, ihren Arbeitgeber nach einer angemessenen Benachrichtigung zu verlassen.

7.3.2.2 Kinderarbeit

In Prüfpunkt vier des ETI Base Code wird definiert:

4. Es wird keine Kinderarbeit eingesetzt

4.1 Es soll kein Einsatz von Kinderarbeit vorliegen.

4.2 Unternehmen sollen eine Politik und Programme entwickeln oder an diesen teilnehmen, die für die Übertragung eines Kindes, das bei der Ausführung von Kinderarbeit vorgefunden wird, in eine qualitative Ausbildung und für dessen Verbleib in derselben bis zum Ende der Kindheit sorgt. „Kind" und "Kinderarbeit" werden in den Anhängen definiert.

4.3 Kinder und Jugendliche unter 18 Jahren werden nicht während der Nacht oder unter gefährlichen Bedingungen beschäftigt.

4.4 Diese Strategien und Verfahren sollen mit den Bestimmungen der entsprechenden ILO-Standards übereinstimmen.

In allen Arbeitsverträgen ist daher die Altersprüfung vorzunehmen. Zusätzlich ist zu prüfen, wie das Unternehmen verhindert, das Kinderarbeit stattfindet.

Alter bei Arbeitsaufnahme >= Mindestalter

Lassen Sie sich eine Liste generieren, auf der alle Mitarbeitenden dargestellt werden, die das achtzehnte Lebensjahr bis heute nicht vollendet haben.

Prüfen Sie für jede dieser Personen das Geburtsdatum und das Eintrittsdatum im Betrieb.

Alter bei Arbeitsaufnahme
= Eintrittsdatum − Geburtsdatum

Mindestergebnis: >14 Jahre (ggf. lokale gesetzlich Vorgabe) → der restriktivere Wert ist anzuwenden (in diesem Fall das höhere(!) Alter).

Vorgefundene Kinder sind von der Arbeit zu befreien und Ihnen ist die Schule zu bezahlen (der Betrieb hat dafür Sorge zu tragen, dass den ehemals beschäftigten Kindern eine ordentliche Schulausbildung zu Teil wird).

Hierzu ebenfalls ein Beispiel:
Es gibt in den Vereinigten Staaten Feldarbeiter, die von Erntegebiet zu Erntegebiet ziehen, um sich zu verdingen und so das Familieneinkommen zu erzielen.
Unter diesen Arbeitern sind selbstverständlich auch Familien mit Kindern. In den USA herrscht Schulpflicht

(die Option Home-Schooling, wird hier nicht beachtet).

Daher müssten die Kinder der Arbeiter in jedem neuen Ort, an dem die Eltern Arbeit finden, eingeschult (oder in einen Kindergarten gebracht) werden. In der Praxis wird dies nicht gemacht. Das führt dazu, dass die Kinder mit den Eltern auf die Felder gehen, um ihnen zu helfen. Unabhängig davon, ob die Kinder ebendieses aus Langeweile tun, so ist hier Kinderarbeit festzustellen.

7.3.2.3 Arbeitsverträge

Erst wenn diese obersten Prüfpunkte ohne Abweichung geprüft sind, kann man wieder auf das Schaubild zurückgreifen und es werden die nachfolgenden Unterpunkte behandelt:

1) in Bezug auf Dienstleister und Arbeitnehmende wird geprüft, ob es ein Beschwerdesystem gibt. Wie oben einmal dekliniert, muss hier wieder eine Systematik hinterlegt sein, damit sich die Vorgänge nachvollziehen lassen.

Warum wird das geprüft? – Weil Mitarbeitende eines Dienstleisters sich bei Ihnen darüber beschweren könnten, z.B. dass sie sich genötigt sehen ohne Arbeitsverträge zu arbeiten.

2) Arbeitsverträge:
Sprache der Arbeitsverträge:

$$\frac{Arbeitsverträge}{} = \frac{Arbeitsverträge\ in\ lokaler\ Sprache}{Anzahl\ schriftlicher\ Arbeitsverträge}$$

$$\frac{Arbeitsverträge}{} = \frac{Arbeitsverträge\ in\ (Mitarbeiter)Sprache}{Anzahl\ schriftlicher\ Arbeitsverträge}$$

Warum ist das wichtig? Arbeitnehmende müssen verstehen, was Sie unterschreiben!

Ein Beispiel: Ein neuer Kollege mit nordmazedonischer Staatsangehörigkeit und Sprachhintergrund soll in einem Schweizer Betrieb tätig werden.

Frage 1: Welche Hauptsprache (Deutsch, Französisch, Italienisch) wird in dem Kanton gesprochen?

Frage 2: Versteht der neue Kollege diese Sprache?

Frage 3: Wenn nein: In welcher Sprache wird kommuniziert?

Frage 4: In welcher Sprache ist der Arbeitsvertrag? Und, wie können Sie sicherstellen, dass der neue Kollege verstanden hat:

a) was im Vertrag steht und

b) was seine Aufgaben sind?

Hieraus leitet sich die logische Frage ab: Sind alle wichtigen Bestandteile im Arbeitsvertrag vorhanden?

- gesetzliche Bestandteile

- tarifvertragliche Bestandteile

Nach der Prüfung der arbeitsvertraglichen Grundlagen steht die Grundlagenprüfung der Löhne und Gehälter aus: Gibt es einen gesetzlichen Mindestlohn? Gibt es ein definiertes Lebensminimum, das einzuhalten ist?

Es kann vorkommen, dass der gesetzliche Mindestlohn unterhalb des definierten Lebensminimums liegt, in diesem Fall wird zu Gunsten des Arbeitnehmenden von dem jeweils höheren Wert ausgegangen.

Diese Prüfung wird explizit unter dem Punkt
Entlohnung vorgenommen.

Ebenfalls vor der eigentlichen Entlohnungsprüfung
wird geprüft, ob im Arbeitsvertrag oder seinen
Anhängen ein Bonus-System hinterlegt ist.

Ein Bonussystem darf nie so konstruiert sein, dass das
Gehalt ohne die Boni das zu erreichende
Lebensminimum unterschreitet.

Wenn die Boni dazu benötigt werden, um das
Minimum (Mindestlohn oder das definierte
Lebensminimum) zu erreichen, ist der Punkt der
Zwangsarbeit zu prüfen, da die Arbeitnehmer nur
durch Mehrarbeit und ggf. mit Überstunden, erst auf
das Minimum kommen können.

3) Prüfung von (historischer) Kinderarbeit

Hier geht es darum, ob Personen eingestellt wurden,
die, nach internationalen Standards, bei Einstellung
jünger als 15 Jahre alt waren. Auch wenn es in
einigen Ländern erlaubt sein mag, dass Personen im
Alter von 14 Jahren arbeiten dürfen, so sind im
Zweifelsfall die internationalen Maßstäbe
anzusetzen.

$$\frac{Arbeitsverträge\ (Alter)}{} = \frac{Arbeitsverträge\ ohne\ Altersnachweis}{Anzahl\ schriftlicher\ Arbeitsverträge}$$

Bei aktueller Prüfung muss auf vorgefundene Kinderarbeit sofort reagiert werden, bei historischer Kinderarbeit ist zu prüfen, warum es hierzu kommen konnte.

7.3.2.4 Arbeitszeit

Nach der Prüfung auf Kinderarbeit folgt die Betrachtung der vorliegenden Arbeitszeitregelung.

Der ETI Base Code fordert als Punkt 6:
„Die Arbeitszeit ist nicht überhöht"

Zu prüfen sind: Gibt es gesetzliche Rahmenvorgaben für die Arbeitszeit, für Pausenzeiten, für Ruhezeiten, Ruhetage und Urlaubstage.
Unabhängig von den jeweils geltenden gesetzlichen Vorgaben macht der ETI Base Code hier Vorgaben (vergl. Anhang).

Generell gilt: Die strengere Vorgabe gilt und ist Prüfungsgrundlage.

Das bedeutet, dass vor Ort durch die gültige Regelung 80 Wochenarbeitsstunden gestattet sind, der ETI Base Code sieht in Punkt 6.4 vor: „Die Arbeitsstunden insgesamt, die über einen Zeitraum von sieben Tagen geleistet werden, dürfen 60 Stunden nicht überschreiten, außer diese werden von Unterabschnitt 6.5 abgedeckt."

In der Prüfung wird immer der restriktivere Wert (zum Vorteil des Arbeitnehmenden) angewendet. Zu beachten ist dabei zusätzlich, ob lokale Regelungen z.B. die Tagesarbeitszeit regulieren.

Bei der Prüfung wird somit Tages- und Wochenarbeitszeit verifiziert.

Erste Prüfwert muss daher sein:

$$\left(\begin{array}{c} Erlaubte\ Maximale\ Arbeitszeit\ [gesetzlich\ oder\ tariflich] - \\ Tatsächliche\ Arbeitszeit \end{array} \right)$$
$$\leq Erlaubte\ Maximale\ Arbeitszeit$$

Im Folgenden sind dann zu prüfen:

1) Ruhepausen

Die Ruhepausen werden in jedem Land anders definiert!

Zu prüfen ist daher zuerst die gesetzliche und / oder die tariflichen Vorgaben für die Ruhepausen.

$$\left(\begin{array}{c} Tatsächliche\ Ruhepause - \\ Vorgegebene\ Ruhepause\ [gesetzlich\ oder\ tariflich] \end{array}\right)$$
$$\geq Vorgegebene\ Ruhepause$$

2) Ruhetage

Ruhetage sind die Tage, die als arbeitsfrei in einer Periode definiert sind.

Hierbei ist zu prüfen, ob die entsprechenden Vorgaben eingehalten wurden, und wenn nicht, ob es Ausnahmetatbestände gibt (die dann evident einzuhalten sind)

Der ETI Base Code definiert:

„6.6 Alle Arbeiter genießen in einem Zeitraum von sieben Tagen mindestens einen freien Tag oder, wo nach Landesrecht erlaubt, zwei freie Tage für einen Zeitraum von 14 Arbeitstagen."

$$\left(\begin{array}{c} \textit{Tatsächliche Ruhetage} - \\ \textit{Vorgegebene Ruhetage [gesetzlich oder tariflich]} \end{array} \right)$$
$$\geq \textit{Vorgegebene Ruhetage}$$

3) Urlaubstage

Zur Regeneration und Erhaltung der Leistungsfähigkeit benötigen arbeitnehmende Erholungsphasen, die zumeist gesetzlich oder u.U. tariflich geregelt sind.

$$\left(\begin{array}{c} \textit{Tatsächliche Urlaubstage} - \\ \textit{Vorgegebene Urlaubstage [gesetzlich oder tariflich]} \end{array} \right)$$
$$\geq \textit{Vorgegebene Urlaubstage}$$

7.3.3 Entlohnung (Money)

In der Grafik wurden unter „Money" die folgenden Kriterien eingefügt(weitere sind möglich):

Key Indicators, Social Audits							
	HSE	Contractor	Worker	Job	Money	HR	Managment System
Managment System			Environment				
HR							
Money	Code of Conduct	Proper Payment				Payment Concept	Fire Safety & Accidents
Job							
Worker							
Contractor							
HSE							
© Jens Schnuegger, 2023			Dormitory				

Über den ETI Base Code werden die folgenden Forderungen postuliert:
„5. Mindestlöhne werden bezahlt
5.1 Löhne und Vergütungen, die für eine reguläre Arbeitswoche gezahlt werden, entsprechen wenigstens den nationalen gesetzlichen Vorgaben

oder dem branchenüblichen Standardwert, je nachdem, welche Vorgabe höher ausfällt. Auf jeden Fall sollen Löhne immer ausreichend sein, um die Grundbedürfnisse zu decken und etwas frei verfügbares Einkommen bereitzustellen.

5.2 Alle Arbeiter erhalten schriftliche und verständliche Informationen zu den Arbeitsbedingungen in Bezug auf Löhne, bevor sie die Arbeit aufnehmen sowie bei jeder Auszahlung zu Lohnangaben für den betreffenden Bezugszeitraum.

5.3 Abzüge von Löhnen als Disziplinierungsmaßnahmen werden weder gestattet noch werden Abzüge von den Löhnen, die nicht durch die nationale Gesetzgebung erlaubt sind, ohne das ausdrückliche Einverständnis des betroffenen Arbeiters vorgenommen. Alle Disziplinarmaßnahmen sollen aufgezeichnet werden."

Umgesetzt auf den einzelnen Betrieb sind die folgenden Punkte als Minimalforderungen zu prüfen:

7.3.3.1 Definition des Lohnes

Frage: Wie definieren Sie den Lohn in Ihrem Betrieb? Gemeint ist hier die Art und Weise, nach der festgelegt wird, welcher Lohn bezahlt wird.

Definitionen ist überwiegend: a) Tariflohn oder b) individuelle Lohngestaltung

Zu prüfen ist daher als erster Schritt: Gibt es einen gültigen, anzuwendenden Tarifvertrag. Wenn ja, dann gilt:

$$(vorgefundener\ Lohn\ lt.\ Abrechnung \\ - Lohn\ lt.\ Tarifvertrag\ ) \geq 0$$

Der Wert „null" steht für die Parität von vorgefundenem und tariflichem Lohn. Bei einem vorgefundnen Wert von kleiner 0, wird gegen den Tariflohn verstoßen (zu wenig bezahlt).

Zusätzlich ist zu prüfen, ob der Tarifvertrag korrekt angewandt wird.

Es kann vorkommen, dass der Wert der Entlohnung dem Tarifvertrag entspricht, aber der Mitarbeitende falsch eingruppiert ist. In diesem Fall würde dann der Tariflohn wieder unterschritten.

Etwas umfangreicher ist die Prüfung bei individuellen Löhnen, da bei dieser Konstellation verschiedene Szenarien zu betrachten sind.

Da kein Tarifvertrag anzuwenden ist, werden drei Prüfschleifen notwendig:

1) Lehnt sich das Unternehmen an den Tarifvertrag an? Das bedeutet, dass das Unternehmen zwar nicht tariflich gebunden ist, es den Tarifvertrag trotz alledem als Entlohnungsgrundlage nimmt. In diesem Fall erfolgt die Lohnprüfung wieder gegen den gültigen Tarifvertrag.

2) Das Unternehmen nimmt den Tarifvertrag als Richtwert. In diesem Fall liegen meist die Löhne unterhalb des Tariflohnes, gleichwohl werden die Tariferhöhungen mit durchgeführt.

3) Das Unternehmen hat eine eigene Lohnstruktur, abseits des Tarifvertrages und nur diese ist anzuwenden.

$$(vorgefundener\ Lohn\ lt.\ Abrechnung$$
$$-\ Mindestlohn\ (bzw.\ Existezminimum))$$
$$\geq 0$$

Bei einem Wert kleiner 0 wird der Mindestlohn unterschritten.

7.3.3.2 Anwendung im Betrieb

Unabhängig von der eben vorgenommenen Prüfung auf Einhaltung des Mindestlohnes, sind weiter Prüfroutinen notwendig.

1. Prüfung Einsatzgebiete

Sind alle Arbeitsplätze gleich bewertet?

Hier ist zu prüfen, ob alle Mitarbeitenden, die die gleichen Tätigkeiten verüben, gleich entlohnt werden. Werden Differenzen festgestellt, so ist zu erklären, wie diese zustande kommen und was der Grund hier ist.

Werden alle Positionen mit gleicher Qualifikation besetzt?

Hier geht es insbesondere darum, ob selektive Positionen mit Leiharbeitskräften besetzt werden und warum das so ist.

Beispiel: Für gefährliche Arbeiten werden Leiharbeiter eingesetzt, um die eigenen Arbeitskräfte zu schonen.

2. Prüfung Personaleinsatz

An dieser Stelle ist zu prüfen, ob alle Mitarbeitenden den gleichen Lohn bekommen, die die gleichen Tätigkeiten verüben. Diese Prüfung bezieht sich auf die Entlohnungen von Frauen und Männern und auch von lokalen zu ausländischen Kolleg:innen.

Hier wird auf die Arbeit vor Ort im geprüften Betrieb referenziert.

Somit ist an dieser Stelle der Nachweis zu erbringen, dass gleich entlohnt wird.

Diese Prüfung erfolgt wieder gegen den Punkt Entlohnung, aber zusätzlich auch gegen den Prüfpunkt der Diskriminierung.

ETI: 7. Diskriminierung wird nicht praktiziert

7.1 Es gibt keine Diskriminierung bei der Einstellung, Vergütung, Zulassung zum Training, Beförderung, Beendigung des Arbeitsverhältnisses oder Pensionierung aufgrund von Rasse, Kaste, Nationalität, Religion, Alter, Behinderung, Geschlecht, Ehestand, sexueller Orientierung, Gewerkschaftsmitgliedschaft oder politischer Zugehörigkeit.

Die entsprechenden Prüfpunkte sind daher:

$$Kenntnis\ Person\ 1 = Kenntnis\ Person\ 2$$

$$(Entgelt\ Person\ 1 - Entgelt\ Person\ 2\ [\neq Person\ 1]) = 0$$

Das bedeutet, dass Person 2 andere Charakteristika hat als Person 1.

Hieraus kann sich ein möglicher Diskriminierungsaspekt ergeben.

Beispiel: Person 1 ist eine ausgebildete Technikerin aus Land A, Person 2 ist ein ausgebildeter Techniker aus Land C, der jetzt in Land A arbeitet.

Geprüft wird, ob beide das gleiche Gehalt erhalten (abzüglich Seniorität).

7.3.3.3 Externe Gültigkeit

Ihr Unternehmen nutzt einen eigenen Verhaltenskodex, oder wurde durch einen Kunden aufgefordert, mindestens seinen zu nutzen.

In diesem Verhaltenskodex wird darauf hingewiesen, dass die Sozialstandards in Ihrer Lieferkette ebenfalls zu gelten haben.

Beispiel: Sie setzen Leiharbeitnehmende ein.

Damit im Brandfall eine vollständige Evakuierung sichergestellt werden kann, nutzen die Leiharbeitnehmenden das interne Stempelsystem.

Gleichzeitig generiert das Leiharbeitsunternehmen anhand dieser Stundenaufzeichnungen seine Rechnung an ihr Unternehmen.

Somit können Sie leicht kontrollieren, ob das Unternehmen ihnen die korrekte Stundenzahl in Rechnung stellt.

Was Sie nicht sehen, ist, ob das Leiharbeitsunternehmen seine Mitarbeitenden korrekt entlohnt.

Für diese Prüfung sind sie, vorgegeben durch den Verhaltenskodex, zuständig.

Beispiel: Während der Prüfung eines Unternehmens wurden die Stundenzettel der Schweißer vorgelegt. Erstaunlicherweise waren die Zettel teilweise maschinell (Excel) und manuell erstellt.

Bei den manuellen Listen waren alle Einträge mit der gleichen Handschrift getätigt und zusätzlich fingen <u>alle</u> Mitarbeitenden um 08:00 Uhr an, gingen zur gleichen Zeit zur Pause und hörten pünktlich um 16:30 Uhr auf.

Vorab in den Mitarbeitergesprächen wurden von den Arbeitnehmenden die eigenen Stundenzettel vorgelegt, so dass vor der Prüfung in der Personalabteilung längst bekannt war, welche Stunden in Wirklichkeit gearbeitet wurden.

Es stellt sich heraus, dass, gemäß den vorgelegten Daten, die Mitarbeitenden 40 Wochenstunden gearbeitet hatten. Die individuellen Aufzeichnungen wiesen 65 Arbeitsstunden aus.

Dem Unternehmen wurden die 65 Wochenstunden in Rechnung gestellt.

Hieraus ergab sich eine Differenz von 25 Stunden, die in der Abrechnung der Mitarbeitenden fehlten. Nach dieser Feststellung war es Aufgabe in der Prüfung, herauszufinden, was mit dem verbliebenen, nicht abgerechneten Stunden, passiert war, zumal die Mitarbeitenden im Gespräch gesagt hatten, dass sie alle geleisteten Arbeitsstunden pünktlich vergütet bekommen würden (zuzüglich eines Bonus für Mehrarbeit).

Es wurde herausgefunden, dass der Bonus sich daraus ergab, dass die vermeintlich fehlenden Stunden direkt (ohne Abzüge) bezahlt wurden.

Um diese Strukturen zu vermeiden, sind Leiharbeitnehmende und Mitarbeitende von Dienstleistern immer im Scope (also dem Geltungsbereich des angewandten Prüfungskataloges) der Prüfung und es ist Aufgabe des geprüften Unternehmens, die im Audit angeforderten Daten zu beschaffen und bereitzustellen.

Können diese Daten nicht bereitgestellt werden, so ist im Zweifel von Zwangsarbeitsstrukturen zuungunsten des geprüften Unternehmens auszugehen.

7.3.4 Arbeitssicherheit (HSE)

Key Indicators, Social Audits

	HSE	Contractor	Worker	Job	Money	HR	Managment System
Managment System				Environment			
HR							
Money	Code of Conduct						Fire Safety & Accidents
Job							
Worker							
Contractor							
HSE		HSE Committee		Waste Handling			Accidents

© Jens Schnuegger, 2023

Dormitory

Die Mustervorlage der Grafik stellt auf die Organisation der Arbeitssicherheit, den Umgang mit Abfällen sowie den Umgang mit, möglich, Unfällen ab, wobei hier ebenfalls die Aufzählung nicht abschließend ist.

Organisatorische Grundlagen für Arbeitssicherheit (arbeitsplatzbezogen) z.B. Sicherheitsaustattung oder Maschinensicherheit.
Wie ist das Thema Arbeitssicherheit organisiert?

133

Wer ist die zuständige Person?
Wenn die Aufgabe delegiert wurde, wie sind die
Befugnisse geregelt?

Die Vorgabe lt. ETI Base Code sind:

"3. Die Arbeitsbedingungen sind sicher und hygienisch

3.1 Es muss ein sicheres und hygienisches
Arbeitsumfeld unter Berücksichtigung des
allgemeingültigen Wissens der Branche und
bestimmter Gefahren gewährleistet werden. Es sollen
angemessene Maßnahmen getroffen werden, um
Unfälle und Gesundheitsschädigungen zu verhindern,
die im Rahmen der Arbeit entstehen, mit dieser in
Verbindung stehen oder aufgrund dieser entstehen,
indem mit dem Arbeitsumfeld einhergehende
Gefahren, soweit dies in vernünftiger Weise
umsetzbar ist, minimiert werden.
3.2 Arbeiter sollen ein regelmäßiges und
protokolliertes Gesundheits- und Sicherheitstraining
erhalten. Dieses Training soll für neue oder wieder
eingestellte Arbeitnehmende wiederholt werden.
3.3 Zugang zu sauberen Toilettenanlagen und
trinkbarem Wasser und, wenn angebracht,
Einrichtungen für die Lebensmittellagerung sollen
bereitgestellt werden.

3.4 Die Unterbringung muss, wenn sie bereitgestellt wird, sauber und sicher sein, sowie den Grundbedürfnissen der Arbeiter entsprechen.

3.5 Das die Richtlinien einhaltende Unternehmen soll die Verantwortung für Gesundheit und Sicherheit einem Vertreter des Senior Managements übertragen."

Diese Vorgaben gilt es zu erfüllen.

7.3.4.1 Systematische Arbeitssicherheit

Haben Sie ein Arbeitssicherheitskonzept und ist es organisiert?

In der ISO 9001 und der ISO 45001 würde die Frage lauten: „Wie stellen Sie sicher, dass im Betrieb ein einheitlicher Arbeitssicherheitssystem verfolgt wird und dass Mitarbeitende die jeweils zuständigen Personen kennen?

Schriftliches Sicherheitskonzept? Ja/Nein → Bei Nein: Aufbauen!

Sind alle rechtlichen Grundlagen bekannt und wie stellen Sie sicher, dass alle Unterlagen und Referenzen aktuell sind?

Rechtskataster: Ja/Nein → Bei Nein: Aufbauen!

Wenn Sie diese zwei Fragen mit: „Ja, aber extern"
beantworten, dann bitte zusätzlich prüfen, ob die
externe zuständige Person auf aktuelle Daten
zurückgreift.
Die Verantwortung, hier in der Prüfung, liegt bei
Ihnen!
Es ist Ihre Aufgabe, vor Ort sicherzustellen, dass alle
Daten aktuell sind!

7.3.4.2   Betriebssicherheit

Der Prüfbereich der Betriebssicherheit sollte Betrieben
leichtfallen, da sie auf vorhandene interne
Sicherheitsstrukturen verfügen sollten.

Einfachstes Beispiel: Offene Ölkannen werden
zwischen Heizlüfter und Verpackungsmaterial
gelagert. Ein Feuerlöscher war nicht in der näheren
Umgebung.
(Hinweis: Fundort: Westeuropa)

Alle hier unten aufgeführten Fragen sind nur die Spitze
des Eisberges, und man sollte davon ausgehen, dass
jedes Unternehmen sich selbst diese Fragen stellt.
Es liegt auf der Hand, dass Gefährdungen von
Mitarbeitenden und/oder Umwelt nicht akzeptabel
sind.

Maschinensicherheit

Nach welchen Kriterien organisieren Sie die
Maschinensicherheit?

Können sich Mitarbeitende an der Maschine
verletzen, im Verlauf von durchzuführenden
Arbeitsschritten?

Sind die Kolleg:innen, nachweislich, an den
Maschinen ausgebildet worden?

Haben die Maschinennutzenden das Gefühl, das ihr
Arbeitsplatz den Anforderungen entspricht?

Wie häufig werden Maschinen gewartet? Und ist das
dokumentiert?

Es lassen sich in der Prüfung viele weitere Punkte
hinterfragen; entscheidend wird dann sein, dass
Sie vorbeugend so viele wie möglich hinterfragt
haben (oder wissen, wo Sie die hinterfragten
Daten finden können).

Arbeitsplatzsicherheit

Hat jeder Mitarbeitende ein sicheres Arbeitsumfeld?

Sind Boden rutschig?

Wird spezielle persönliche Schutzausstattung
benötigt?

Wird diese Schutzausstattung genutzt?

.. und, und, und

Elektrische Sicherheit

Sind alle Kabelverbindungen ordnungsgemäß
gesichert?

In welchen Intervallen werden Kabelverbindungen
geprüft?

In welchen Intervallen werden Großgeräte und/oder
Schaltschränke geprüft?

Sind elektrische Handwerkzeuge sicher zu nutzen?

Sind Kabelverbindungen sachgerecht angebracht?

(Oder lassen sich sog. „Affenschaukeln" finden?

Gibt es ein Verzeichnis der elektrischen Geräte?

.. und, und, und

Institutionelle Arbeitssicherheit

Gibt es einen Arbeitsschutzausschuss?

Wie häufig tagt der Arbeitsschutzausschuss?

Werden Sitzungen protokolliert?

Werden Feststellungen nachverfolgt?

Gibt es einen zuständigen Manager, der
entscheidungsbefugt ist, wenn
Arbeitssicherheitsmaßnahmen notwendig sind?

... hier lässt sich die Liste ebenfalls verlängern.

Abfallmanagement

Welche Arten von Abfall fallen an?

Gibt es gefährliche Abfälle?

Welche Mitarbeitenden sind für die Abfallentsorgung zuständig?

Sind die Kollegen ausreichend und nachweislich geschult?

Wo wird der Abfall auf dem Gelände (zwischen)gelagert?

Wie werden Abfälle entsorgt?

Wer ist für die Entsorgung zuständig? Intern/extern?

Lassen sich Mengen kontrollieren und nachverfolgen?

... hier lässt sich die Liste ebenfalls verlängern.

7.3.5 Arbeitsplatz (Job)

	HSE	Contractor	Worker	Job	Money	HR	Managment System	
				Key Indicators, Social Audits				
Managment System				Environment				
HR								
Money								
Job	Code of Conduct	Machine Syfety		Job Promotion		Job Description		Fire Safety & Accidents
		Overtime					
		E-Safety		Job Cluster			
		Working Hours					
		Workspace Safety		Gender Dependent			
		Rest Breaks					
Worker								
Contractor								
HSE								
◆ Jens Schnuegger, 2023				Dormitory				

Das Themenfeld Arbeitsplatz umfasst verschiedene Aspekte.

In der Grafik werden wieder verschiedene Prüfpunkte als Beispiel aufgeführt.

Als Erstes findet hier die Gegenkontrolle zu den unter „Arbeitssicherheit" aufgeführten Punkten statt.

Wichtig hierbei ist, dass bei einem Sozial-/Ethikaudit immer der Mitarbeitende im Mittelpunkt steht.

Selbst wenn die Prüfung der Arbeitssicherheit keine Abweichungen zu Tage gefördert hat, so wird das hier

140

unter dem Aspekt „Mitarbeitergefährdung" wiederholt und aus anderer Perspektive geprüft. Spätestens an dieser Stelle erkennt man, dass diese Audits einen anderen Ansatz verfolgen und ein schönes Mitarbeiterhandbuch nur eines ist: „schön". Wenn die Umsetzung nicht, oder nur rudimentär erfolgt, so ist das spätestens an dieser Stelle auffällig.

Zusätzlich werden unter diesem Prüfbereich die Vorgaben aus der Personalabteilung hinterfragt: Arbeitszeiten, Überstunden, Vergütung (Normalzeit und Mehrarbeit), Ruhezeiten, Pausen, Urlaub, Sonderzahlungen etc.

Nach diesen Querverweisen und Kreuzprüfungen erfolgt eine Vertiefung in die Arbeitsplatzorganisation.
Prüfpunkt kann z.B. sein, ob der Mitarbeitende den Job ausführen darf oder nicht:

$$Ausgeübte\ Tätigkeit = \frac{Qualifikation + Schulungen}{Arbeitsplatzbeschreibung}$$

Hier geht es erst einmal darum, ob der richtige Mitarbeitende am richtigen Arbeitsplatz eingesetzt wird.

Hieran anschließend erfolgt die Prüfung nach den Diskriminierungsregeln, z.B. Kann sich jede Person auf diesen Job bewerben? Werden Einschränkungen nach Geschlecht, Gesinnung, Nationalität o.ä. vorgenommen?

Zurück zum Arbeitsplatz:
Gibt es die Möglichkeit, Abhängigkeiten zu prüfen?
Gibt es eine Arbeitsplatzbeschreibung?
Gibt es einen Schulungsplan, der die Weiterentwicklung der Mitarbeitenden abdeckt?
Ist die Arbeitsplatzbeschreibung dem Mitarbeitenden bekannt?
Sind Aufgabengebiete und Befugnisse definiert?
Ist die Struktur der Vorgesetzten bekannt? Welcher Vorgesetzte ist der Ansprechpartner bei welchen Fragen?
Wurden die Mitarbeitenden hierin unterwiesen?

Bei dem Produktionsprozess kann geprüft werden:
Gibt es einen Materialbedarfsplan?
Was muss an Materialien am Arbeitsplatz zur Verfügung stehen?
Wie sind Nachbeschaffungen organisiert?

Gibt es ein Reporting-System bei Materialmängeln?
Gibt es eine Qualitätskontrolle?

Warum man hier hinschauen muss?
Es gibt die Variante, dass Mitarbeitende Materialien
bezahlen müssen.
Müssen Mitarbeitende Fehlerkorrekturen aus eigner
Tasche zahlen?
Gibt es Abmahnungen bei Fehlern oder
Fehlerhäufigkeit?
Sind die Abmahnungen Geld bewert? (Wird Geld bei
Fehlern abgezogen?)

Hier kommt es auf die Situation in jedem einzelnen
Unternehmen an.
Wie ist das individuelle Unternehmen aufgestellt? Was
sieht der Prüfer, beim Rundgang durch den Betrieb?
Wie nimmt der Prüfer einzelne Situationen war?
Die Fragen, die der Prüfer im Unternehmen stellt,
stehen immer im Zusammenhang mit der
vorgefundenen Situation.

Es gibt keine 100%ige Vorbereitung, sieht etwas zu
gut aus, wird es ebenfalls hinterfragt. Potemkinsche
Dörfer werden als solche erkannt und gebrandmarkt.

Bitte bedenken Sie, dass diese Prüfungen nicht dafür gedacht sind, ein Unternehmen oder gar einen Unternehmer zu schikanieren.

Mit diesen Fragestellungen soll die wertvollste Ressource, der Mensch, vor Ausbeutung und Missbrauch, geschützt werden.

7.3.6 Arbeitnehmende (Worker)

	HSE	Contractor	Worker	Job	Money	HR	Managment System
Key Indicators, Social Audits							
Managment System							
HR							
Money							
Job							
Worker		Workers Committee / Union				Contact Possibility	
Contractor						Recruitment Abroad	
HSE							

Environment

Code of Conduct

Fire Safety & Accidents

Dormitory

© Jens Schnuegger, 2023

Die Ansatzkriterien aus der Grafik sind ähnlich zu den schon einmal gesehenen, aus dem Sachgebiet Personal, werden aber durch den Komplex der Vereinigungsfreiheit ergänzt.

Das bedeutet auf keinen Fall, dass die Fragen die gleiche Intention, wie die Fragenkomplexe zuvor haben, sondern hier werden die Kriterien aus der Perspektive der Mitarbeitenden hinterfragt. Wenn aus dem Blickwinkel der Mitarbeitenden geprüft wird, dann werden Sie feststellen, dass die Fragenkomplexe redundant sind.

Beispiele für Ansätze der Betrachtung können sein:

1. Unterschiedliche Aufgaben für angestellte Arbeitnehmende und/oder Leiharbeitnehmende, und wenn ja, warum?
   - Inländische vs. ausländische Arbeitnehmende.
   - Werden Mitarbeitende im Ausland angeworben?
2. Gibt es Organigramm?
3. Wie sind Zuständigkeiten organisiert?
4. Sind alle Ansprechpartner bekannt?
5. Gibt es ein Beschwerdesystem?
   - Welche Wege gibt es?
   - Wie wird mit Beschwerden umgegangen?

6. Versammlungsfreiheit etc.
7. Gibt es ein Bonus-System?
8. Sind Überstunden freiwillig?
9. Wie viele Stunden beträgt die Regelarbeitszeit?
10. Wie sind die Pausen organisiert?
11. Gibt es eine Arbeitnehmervertretung? Und in welcher Form?
12. Gibt es eine Gewerkschaft?
13. Werden die Personen in irgendeiner Form benachteiligt oder behindert?
14. Mussten die Mitarbeitenden dafür Zahlungen leisten, dass sie bei Ihnen arbeiten können? Direkte Zahlung an das Unternehmen? Zahlung an eine Vermittlungsagentur? Reise- und Visakosten?
15. Gibt es ein Arbeitssicherheitskomitee, das sich, mit Entscheidungskompetenz, um die Sicherheit am Arbeitsplatz im Betrieb kümmert?

7.3.7 Unterauftragnehmer (Contractor)

Key Indicators, Social Audits

	HSE	Contractor	Worker	Job	Money	HR	Managment System
Managment System				Environment			
HR							
Money							
Job							
Worker	Code of Conduct		Recruitment Fee				Recruitment Abroad
		Sub-Contracting				Written Contract	
			Debt Scheme				
Contractor		Out-scourcing				Proper Contract details	
						Contract Language	
HSE							
© Jens Schnuegger, 2023			Dormitory				

Fire Safety & Accidents

Das Thema der Unterauftragnehmer wird aktuell nicht von allen Unternehmen in aller Tiefe geprüft. So wie Sie von Ihrem Kunden überprüft werden, so sind Sie angehalten, Ihre Lieferkette zu prüfen.

Dabei gilt es zu unterscheiden in:
Subunternehmer (arbeiten im Prozess) und
Dienstleister (z.B. Leiharbeitsunternehmen, Reinigung, Sicherheitsdienst, Catering)

Zuerst werden die Unternehmen gruppiert und geordnet:

1. Welche Fremdfirmen sind auf dem Gelände tätig?
2. In welchen Einsatzgebieten sind diese Unternehmen tätig?
3. Additive oder substituierende Tätigkeiten?
4. Wer ist der / wer sind die interne(n) Ansprechpartner:innen?

Hieran nachfolgend, werden die gleichen Prüfschleifen durchlaufen, die ebenfalls für Ihre internen Mitarbeitenden gelten.

1. Unterschiedliche Aufgaben für angestellte Arbeitnehmende und/oder Leiharbeitende, und wenn ja, warum?
   - Inländische vs. ausländische Arbeitnehmende.
   - Werden Mitarbeitende im Ausland angeworben?
2. Gibt es Organigramm?
3. Wie sind Zuständigkeiten organisiert?
4. Sind alle Ansprechpartner bekannt?

5. Gibt es ein Beschwerdesystem?
   - Welche Wege gibt es?
   - Wie wird mit Beschwerden umgegangen?
6. Versammlungsfreiheit etc.
7. Gibt es ein Bonus-System?
8. Sind Überstunden freiwillig?
9. Wie viele Stunden beträgt die Regelarbeitszeit?
10. Wie sind die Pausen organisiert?
11. Gibt es eine Arbeitnehmervertretung? Und in welcher Form?
12. Gibt es eine Gewerkschaft?
13. Werden die Personen in irgendeiner Form benachteiligt oder behindert?
14. Mussten die Mitarbeitenden dafür Zahlungen leisten, dass sie bei Ihnen arbeiten können?
    Direkte Zahlung an das Unternehmen?
    Zahlung an eine Vermittlungsagentur?
    Reise- und Visakosten?
15. Gibt es ein Arbeitssicherheitskomitee das sich, mit Entscheidungskompetenz, um die Sicherheit am Arbeitsplatz im Betrieb kümmert?

Stellen Sie sich selber die Frage:

„Ist es ausreichend, wenn Sie von Ihrem Lieferanten ein Papier erhalten, in dem er bestätigt, dass alle Compliance Vorgaben eingehalten werden, oder ist es besser, sich vor Ort davon zu überzeugen?"

Als Regel gilt, je weiter ein Lieferant entfernt ist, desto weniger kennen Sie die Umstände vor Ort.

Aber genau hierum, die Arbeitsbedingungen der Arbeitnehmenden in der Lieferkette, geht es in dieser Prüfung.

8   Vorbereitung

Für eine gute Vorbereitung auf ein Sozial-Audit ist es wichtig, zu verstehen, was durch die Lieferkettengesetzgebung erreicht werden soll.

Am Beispiel Deutschland kann man feststellen, dass zwei verschiedene Ministerien sich mit dem Lieferkettengesetz auseinandersetzen: Zum einen das Bundesministerium für Arbeit und Soziales (wirkt nach innen) und zum anderen das Bundesministerium für wirtschaftlicher Zusammenarbeit und Entwicklung (wirkt nach Außen).

So, wie sich zwei Bundesministerien um die verschiedenen Teilaspekte des Gesetzes kümmern, wird erwartet, dass sich jedes Unternehmen ebenfalls um die diese Aspekte kümmert.

Die Betrachtung nach innen fällt der überwiegenden Mehrheit der Unternehmen leichter, da diese Aspekte meist Teil der täglichen Arbeitsroutine sind. Anspruchsvoller, da aktuell kaum gängige Praxis, ist die Außenbetrachtung, die die Zulieferer, Subunternehmer und Dienstleister umfasst.

Dieses Buch soll einen Ansatz bieten, wie man sich strukturiert vorbereiten kann und was die Lieferkettengesetzgebung erreichen will.

Die vorhergehenden Kapitel haben sich am ETI Base Code orientiert und haben Ihnen einen Überblick gegeben, welche Anforderungen und Intentionen diesem Kodex zugrunde liegen.

Auch wenn der ETI Base Code als Basis gewählt wurde, so ist die Vorbereitung auf ein Sozial Audit nach dem ICS Standard vergleichbar.

Im Anhang sind beide Standards als Informationsquelle, mit Stand bei Drucklegung des Buches, beigefügt.

Eine Prüfung gegen den ETI Base Code oder den ICS Standard nimmt unterschiedlich viel Zeit in Anspruch, da die Dauer nach Unternehmensgröße gestaffelt ist.

Die Prüfungen werden, je nach Kunden- bzw. Auftraggeber-Vorgaben, mit spezifischem Datum oder mit einem Zeitfenster angemeldet.

Für Sie gilt: Bereiten Sie sich auf Ihre Prüfung vor, indem Sie sich eine Liste mit möglichen Dokumenten erstellen und sich eine Zugrifflogik aufbauen.

Orientieren Sie sich an den Prüfthemen, die die beiden Prüfkataloge vorgeben:

I. Management System
II. Diskriminierung
III. Versammlungsfreiheit, Kollektivverhandlungen
IV. Arbeitsbedingungen
 i. Mindestalter, Kinderarbeit
 ii. Zwangsarbeit
 iii. Mindestlohn
 iv. Sozialleistungen
 v. Arbeitszeit
 vi. Disziplinarmaßnahmen, Belästigung, Missbrauch
V. Arbeitsumfeld
 i. Sichere Arbeitsbedingungen, Hygiene
 ii. Unfallverhütung
 iii. Medizinische Betreuung
 iv. Schulungen und Unterweisungen

Die Verfügbarkeit von Dokumenten sorgt dafür, dass man sich konzentriert auf einzelne Themenbereiche in der Prüfung fokussieren kann und dadurch ein Springen in den Themen vermeidet. Der Auditablauf kann so strukturiert angegangen werden.

9 Anlagen

9.1 ETI Base Code

Dieses Dokument wurde am 1. April 2014 geändert durch
Überarbeitungen an Klausel 6, „Die Arbeitszeit ist nicht
überhöht"

9.1.1 Das Arbeitsverhältnis wird frei gewählt

1.1 Es besteht keine Zwangsarbeit, Zwangsknechtschaft oder
unfreiwillige Gefängnisarbeit.

1.2 Arbeiter werden nicht aufgefordert einen „Pfand" oder ihre
Ausweisdokumente bei ihrem Arbeitgeber zu hinterlegen und es
ist ihnen freigestellt, ihren Arbeitgeber nach einer angemessenen
Benachrichtigung zu verlassen.

9.1.2 Die Vereinigungsfreiheit und das Recht auf Tarifverhandlungen werden respektiert

2.1 Arbeiter haben ohne Ausnahme das Recht, sich zu
versammeln und eine Gewerkschaft ihrer eigenen Wahl zu
gründen und gemeinsam Tarifverhandlungen durchzuführen.

2.2 Der Arbeitgeber nimmt gegenüber den Aktivitäten von Gewerkschaften und deren organisatorischer Aktivitäten eine offene Haltung ein.

2.3 Arbeitnehmervertreter werden nicht diskriminiert und haben die Möglichkeit, ihre repräsentativen Funktionen am Arbeitsplatz auszuführen.

2.4 Wo das Vereinigungsrecht und Recht auf Tarifverhandlungen durch die Gesetzgebung beschränkt wird, erleichtert der Arbeitgeber die Entwicklung gleichberechtigter Mittel für unabhängige und freie Vereinigung und Verhandlungen und behindert diese nicht.

9.1.3 Die Arbeitsbedingungen sind sicher und hygienisch

3.1 Es muss ein sicheres und hygienisches Arbeitsumfeld unter Berücksichtigung des allgemeingültigen Wissens der Branche und bestimmter Gefahren gewährleistet werden. Es sollen angemessene Maßnahmen getroffen werden, um Unfälle und Gesundheitsschädigungen zu verhindern, die im Rahmen der Arbeit entstehen, mit dieser in Verbindung stehen oder aufgrund dieser entstehen, indem mit dem Arbeitsumfeld einhergehende Gefahren, soweit dies in vernünftiger Weise umsetzbar ist, minimiert werden.

3.2 Arbeiter sollen ein regelmäßiges und protokolliertes Gesundheits- und Sicherheitstraining erhalten. Dieses Training soll für neue oder wieder eingestellte Arbeitnehmer wiederholt werden.

3.3 Zugang zu sauberen Toilettenanlagen und trinkbarem Wasser und, wenn angebracht, Einrichtungen für die Lebensmittellagerung sollen bereitgestellt werden.

3.4 Die Unterbringung muss, wenn sie bereitgestellt wird, sauber und sicher sein, sowie den Grundbedürfnissen der Arbeiter entsprechen.

3.5 Das die Richtlinien einhaltende Unternehmen soll die Verantwortung für Gesundheit und Sicherheit einem Vertreter des Senior Managements übertragen.

9.1.4 Es wird keine Kinderarbeit eingesetzt

4.1 Es soll kein Einsatz von Kinderarbeit vorliegen.

4.2 Unternehmen sollen eine Politik und Programme entwickeln oder an diesen teilnehmen, die für die Übertragung eines Kindes, das bei der Ausführung von Kinderarbeit vorgefunden wird, in eine qualitative Ausbildung und für dessen Verbleib in der selben bis zum Ende der Kindheit sorgt. „Kind" und "Kinderarbeit" werden in den Anhängen definiert.

4.3 Kinder und Jugendliche unter 18 Jahren werden nicht während der Nacht oder unter gefährlichen Bedingungen beschäftigt.

4.4 Diese Strategien und Verfahren sollen mit den Bestimmungen der entsprechenden ILO-Standards übereinstimmen.

9.1.5   Mindestlöhne werden bezahlt

5.1 Löhne und Vergütungen, die für eine reguläre Arbeitswoche gezahlt werden, entsprechen wenigstens den nationalen gesetzlichen Vorgaben oder dem branchenüblichen Standardwert, je nachdem, welche Vorgabe höher ausfällt. Auf jeden Fall sollen Löhne immer ausreichend sein, um die Grundbedürfnisse zu decken und etwas frei verfügbares Einkommen bereitzustellen.

5.2 Alle Arbeiter erhalten schriftliche und verständliche Informationen zu den Arbeitsbedingungen in Bezug auf Löhne, bevor sie die Arbeit aufnehmen sowie bei jeder Auszahlung zu Lohnangaben für den betreffenden Bezugszeitraum.

5.3 Abzüge von Löhnen als Disziplinierungsmaßnahmen werden weder gestattet noch werden Abzüge von den Löhnen, die nicht durch die nationale Gesetzgebung erlaubt sind, ohne das ausdrückliche Einverständnis des betroffenen Arbeiters vorgenommen. Alle Disziplinarmaßnahmen sollen aufgezeichnet werden.

9.1.6   Die Arbeitszeit ist nicht überhöht

6.1 Die Arbeitszeit stimmt mit der nationalen Gesetzgebung und dem branchenüblichen Standardwert und den Abschnitten 6.2 bis 6.6 unten überein, je nachdem wo der größere Schutz geboten wird. Die Unterabschnitte 6.2 bis 6.6 basieren auf den internationalen Arbeitsrichtlinien.

6.2 Arbeitszeiten, Überstunden ausgenommen, müssen per Vertrag festgelegt werden und dürfen 48 Stunden pro Woche* nicht überschreiten.

6.3 Überstunden werden freiwillig geleistet. Alle Überstunden müssen auf verantwortlicher Basis genutzt werden und das Folgende beachten: das Ausmaß, die Häufigkeit und die gearbeiteten Stunden durch einzelne Arbeiter und die Belegschaft als Ganzes. Überstunden dürfen nicht als Ersatz für reguläre Arbeitsverhältnisse genutzt werden. Überstunden werden immer mit einem Überstundenzuschlag vergütet, wobei empfohlen wird, dass dieser nicht unter 125% des regulären Lohns liegen sollte.

6.4 Die Arbeitsstunden insgesamt, die über einen Zeitraum von sieben Tagen geleistet werden, dürfen 60 Stunden nicht überschreiten, außer diese werden von Unterabschnitt 6.5 abgedeckt.

6.5 Die Arbeitsstunden insgesamt über einen Zeitraum von sieben Tagen dürfen 60 Stunden nur in außergewöhnlichen Umständen überschreiten, in welchen alle folgenden Aufzählungen zutreffen:
- dies ist durch das Landesrecht erlaubt;
- dies wurde in einer, auf freier Basis mit einer Arbeitnehmerorganisation verhandelten Tarifvereinbarung beschlossen, wobei die Organisation einen signifikanten Teil der Belegschaft repräsentiert;
- es wurden angemessene Sicherheitsmaßnahmen eingeführt, um die Gesundheit und Sicherheit der Arbeiter zu schützen; und
- der Arbeitgeber kann beweisen, dass außergewöhnliche Umstände vorliegen, wie beispielsweise unerwartete Produktionsspitzen, Unfälle oder Notfälle.

6.6 Alle Arbeiter genießen in einem Zeitraum von sieben Tagen mindestens einen freien Tag oder, wo nach Landesrecht erlaubt, zwei freie Tage für einen Zeitraum von 14 Arbeitstagen.

*Internationale Standards empfehlen die fortschreitende Abnahme der üblichen Arbeitsstunden, wo angemessen, auf 40 Stunden pro Woche, ohne die Löhne der Arbeiter zu reduzieren, während Arbeitsstunden reduziert werden.

9.1.7 Diskriminierung wird nicht praktiziert

7.1 Es gibt keine Diskriminierung bei der Einstellung, Vergütung, Zulassung zum Training, Beförderung, Beendigung des Arbeitsverhältnisses oder Pensionierung aufgrund von Rasse, Kaste, Nationalität, Religion, Alter, Behinderung, Geschlecht, Ehestand, sexueller Orientierung, Gewerkschaftsmitgliedschaft oder politischer Zugehörigkeit.

9.1.8 Es besteht ein geregeltes Arbeitsverhältnis

8.1 Die geleistete Arbeit wird soweit möglich auf Grundlage der anerkannten, durch nationale Gesetzgebung und Praxis etablierten Arbeitsbeziehung durchgeführt.

8.2 Verpflichtungen gegenüber Arbeitnehmern, die durch das Arbeits- oder Sozialversicherungsrecht und Vorschriften bezüglich eines regulären Arbeitsverhältnisses entstehen, werden durch die Verwendung von reinen Arbeitsverträgen, Subunternehmertum oder Heimarbeit oder durch Ausbildungspläne ohne die Absicht, Fähigkeiten zu vermitteln oder ein reguläres Arbeitsverhältnis bereitzustellen, nicht vermieden, noch sollen derartige Verpflichtungen durch die überhöhte Verwendung von befristeten Arbeitsverträgen umgangen werden.

9.1.9 Unmenschliche oder brutale Behandlung ist nicht erlaubt

9.1 Körperlicher Missbrauch oder Disziplinierung, die Androhung körperlichen Missbrauchs, sexuelle oder anderweite Belästigung und verbale Beschimpfung oder andere Formen der Einschüchterung sind verboten.

Die Bestimmungen dieses Codes legen Mindeststandards und nicht Höchstanforderungen fest und sollten nicht verwendet werden, um Unternehmen an einer Verbesserung dieser Standards zu hindern. Von Unternehmen, die diesen Code anwenden, wird erwartet, dass sie mit den nationalen und anderen anwendbaren Gesetzen konform gehen und dass, wenn die Bestimmungen der Gesetzgebung und der Base Code dieselben Themen ansprechen, die Bestimmungen angewendet werden, welche den größeren Schutz bieten.

Anmerkung: Wir haben alles uns mögliche getan, um sicherzustellen, dass die Übersetzung des ETI Base Code und der Richtlinien zur Implementierung so vollständig und genau wie möglich ist. Dennoch möchten wir Sie bitten zu beachten, dass in beiden Fällen die englischsprachigen Dokumente als offizielle Versionen angesehen werden sollten

9.2 Verhaltenskodex nach ICS-Maßstäben

Sozialer ICS-Verhaltenskodex - Deutsch - 2018[52]

Jedes Mitglied der Initiative for Compliance and Sustainability – siehe Mitgliederliste unter www.ics-asso.org – erwartet von seinen Lieferanten, dass sie den sozialen ICS-Verhaltenskodex

---

[52] https://ics-asso.org/resources/ (Abgerufen: 10.06.2023) als PDF-Download

(nachfolgend als „dieser Kodex" bezeichnet) respektieren, in Kenntnis dessen, dass DIESER CODE DURCH DEN VERHALTENSKODEX DES EINZELHÄNDLERS SELBSTERGÄNZT WERDEN KANN. Dieser Kodex beruht auf den Menschenrechtsgrundsätzen und den wichtigsten IAO-Übereinkommen und Empfehlungen (siehe Liste am Ende des Dokuments). Mit der Unterzeichnung dieses Kodex verpflichtet sich der Lieferant, ihn einzuhalten und von seinen eigenen Subunternehmern und Partnern zu verlangen, dass sie sich ebenfalls dazu verpflichten.

9.2.1 Managementsystem, Transparenz und Rückverfolgbarkeit

1. Der Lieferant muss ein effizientes internes Managementsystem einrichten, um sicherzustellen, dass:

A. alle Arbeitsverhältnisse anerkannt und dokumentiert werden (in Übereinstimmung mit den nationalen Gesetzen, Gepflogenheiten und Gebräuchen und den internationalen Beschäftigungsstandards), und zwar vom Zeitpunkt der Einstellung bis zum Ende des Arbeitsvertrags; insbesondere im Falle von Mitarbeitern mit einem besonderen Status: junge Mitarbeiter, Einwanderer, nationale Migranten, Saisonarbeiter, Heimarbeiter, Akkordarbeiter, Praktikanten oder Auszubildende, Vertragsarbeiter, Zeitarbeiter usw.;

B. alle Vertriebs- und Managementtätigkeiten des Unternehmens transparent durchgeführt und korrekt in den Unternehmensregistern erfasst werden;

C. die in diesem Kodex dargelegten Grundsätze innerhalb der Organisation des Lieferanten verbreitet und konsequent angewandt werden;

161

D. der Lieferant alle Handlungen, die gegen die Grundsätze dieses Kodex verstoßen, aufdeckt, die Ursachen der festgestellten Probleme ermittelt und Maßnahmen zur wirksamen Behebung dieser Handlungen in Übereinstimmung mit den nationalen Gesetzen, Gepflogenheiten und Praktiken sowie den internationalen Beschäftigungsstandards ergreift;

E. die Personen, die für die Anwendung dieses Kodex und allgemein die damit verbundenen rechtlichen Aspekte des Arbeitsrechts, der Sicherheit und der Umwelt verantwortlich sind, informiert und geschult werden;

F. Maßnahmen gegen alle Formen von Korruption, Erpressung, Veruntreuung und Bestechung ergriffen werden;

G. die Auswirkungen auf die umgebende Gemeinschaft, die natürlichen Ressourcen und die Umwelt im Allgemeinen analysiert werden, damit die notwendigen Verfahren zur Verhinderung und Minimierung der mit der Tätigkeit des Partners verbundenen negativen Auswirkungen eingeführt werden können;

2. Der Lieferant verpflichtet sich, die Grundsätze dieses Kodex an seine gesamte Liefer- und Subunternehmerkette weiterzugeben:

a. Der Lieferant legt dem ICS-Kunden vor Auftragserteilung durch den Kunden eine Liste der Fabriken des Lieferanten und seiner Subunternehmer offen (Unternehmen, die vom Lieferanten autorisiert sind, die gesamte oder einen Teil der Endproduktion, die vom Lieferanten hergestellt werden soll, zu übernehmen). Die ICS-Kunden erlauben nicht, dass ihre Aufträge in einer Fabrik produziert werden, die nicht diesem Kodex entspricht. Sobald der ICS-Kunde eine Bestellung bestätigt hat, ist der Lieferant nicht berechtigt, die zuvor offengelegte Liste der Fabriken oder Subunternehmer zu ändern. Wenn es aus irgendeinem Grund erforderlich ist, die Liste der Lieferanten- und Subunternehmerfabriken zu ändern, ist die schriftliche Zustimmung des ICS-Kunden einzuholen.

b. Der Lieferant muss überprüfen, ob die in der Produktionskette des ICS-Kunden identifizierten Fabriken oder Subunternehmer die Grundsätze dieses Kodex einhalten.

c. Erhält der Lieferant Kenntnis von Verstößen gegen die Grundsätze dieses Kodex in seiner Lieferanten- und Subunternehmerkette, informiert er unverzüglich den ICS-Kunden und verpflichtet sich, einen Korrekturmaßnahmenplan für den betreffenden Lieferanten/Subunternehmer umzusetzen. Verweigert der Lieferant/Subunternehmer die Zusammenarbeit, so verpflichtet sich der Lieferant, die Zusammenarbeit mit dem betreffenden Lieferanten/Subunternehmer zu beenden.

9.2.2 Mindestalter, Kinderarbeit und junge Arbeitnehmer

1. Der Lieferant muss das nationale Mindestalter für die Zulassung zur Beschäftigung oder Arbeit in einem Beruf, das nicht unter dem Alter für den Abschluss der Schulpflicht und auf keinen Fall unter 15 Jahren liegen darf, einhalten. Wenn jedoch das örtliche gesetzliche Mindestalter gemäß den Ausnahmeregelungen der IAO-Übereinkommen 138 für Entwicklungsländer auf 14 Jahre festgelegt ist, kann dieses niedrigere Alter gelten.

2. Der Lieferant darf Kinder weder rekrutieren noch in irgendeiner Weise ausbeuten. Wenn Kinder auf dem Produktionsgelände angetroffen werden (außer in einem Kinderbetreuungsraum), muss der Lieferant eine angemessene

und zufriedenstellende Lösung anstreben, die das Wohl des Kindes in den Vordergrund stellt.

3. Der Lieferant darf keine jungen Arbeitnehmer unter 18 Jahren nachts oder unter Bedingungen beschäftigen, die ihre Gesundheit, ihre Sicherheit oder ihre moralische Integrität gefährden und/oder ihre körperliche, geistige, seelische, sittliche oder soziale Entwicklung gemäß IAO-Übereinkommen 182 beeinträchtigen könnten.

9.2.3 Zwangsarbeit

1. Alle Arbeiten müssen auf freiwilliger Basis und nicht unter Androhung von Strafen oder Sanktionen durchgeführt werden.

2. Der Einsatz von Zwangs- oder Pflichtarbeit oder unbezahlter Arbeit in all ihren Formen, einschließlich Gefängnisarbeit, wenn sie nicht im Einklang mit dem Übereinkommen 29 steht, sowie unbezahlte Überstundenarbeit, ist verboten.

3. Der Lieferant darf von den Arbeitnehmern keine unangemessenen Kautionen/Finanzgarantien verlangen und darf keine Ausweispapiere der Arbeitnehmer (z. B. Pässe, Personalausweise usw.) beschlagnahmen. Es darf keine missbräuchliche verspätete Lohnzahlung erfolgen.

4. Die Schuldknechtschaft ist verboten. Der Lieferant darf keine Form der Schuldknechtschaft einsetzen und nicht zulassen oder unterstützen, dass sich die Arbeiter durch Anwerbungsgebühren oder andere Mittel verschulden.

5. Die Vertragsknechtschaft ist verboten. Der Lieferant respektiert das Recht der Arbeitnehmer, ihr Arbeitsverhältnis nach der gesetzlichen Kündigungsfrist zu beenden. Der Lieferant respektiert das Recht der Arbeitnehmer, den Arbeitsplatz und die Fabrik nach ihrer Schicht zu verlassen.

9.2.4 Nichtdiskriminierung

1. Der Lieferant respektiert die Chancengleichheit bei Einstellung, Vergütung, Zugang zu Schulungen, Beförderung, Kündigung oder Ruhestand.

2. Der Lieferant darf keine Diskriminierung bei der Beschäftigung einschließlich Anwerbung, Einstellung, Schulung, Arbeitsbedingungen, Arbeitszuweisung, Entlohnung, Leistungen, Beförderung, Disziplinierung, Kündigung oder Ruhestand aufgrund von Geschlecht, Alter, Religion, Familienstand, Rasse, Kaste, sozialem Hintergrund, Krankheiten, Behinderung, Schwangerschaft, ethnischer und nationaler Herkunft, Nationalität, Mitgliedschaft in Arbeitnehmerorganisationen einschließlich Gewerkschaften, politischer Zugehörigkeit, sexueller Orientierung oder anderer persönlicher Merkmale, vornehmen, unterstützen oder tolerieren.

3. Der Lieferant muss alle Beschäftigungsbedingungen auf die Fähigkeit einer Person, die Arbeit zu erledigen, und nicht auf die Grundlage persönlicher Eigenschaften oder Überzeugungen stützen.

9.2.5 Disziplinarmaßnahmen, Belästigung und Missbrauch

1. Der Lieferant muss alle Arbeiter mit Respekt und Würde behandeln.

2. Der Lieferant darf sich nicht an Mobbing, Belästigung oder Missbrauch jeglicher Art beteiligen oder diese dulden.

3. Der Lieferant muss schriftliche Disziplinarverfahren festlegen und sie seinen Mitarbeitern in klaren und verständlichen Worten

erklären. Alle Disziplinarmaßnahmen müssen aufgezeichnet werden.

9.2.6 Vereinigungsfreiheit und Beschwerdemechanismen

1. Die Arbeitnehmer haben das Recht, ohne vorherige Genehmigung durch die Geschäftsleitung des Lieferanten den Gewerkschaften ihrer Wahl beizutreten oder solche zu gründen und Kollektivverhandlungen zu führen. Der Lieferant darf diese rechtmäßigen Tätigkeiten nicht stören, behindern oder verhindern.

2. Ist das Recht auf Vereinigungsfreiheit und Kollektivverhandlungen gesetzlich eingeschränkt oder verboten, darf der Lieferant alternative Formen der unabhängigen und freien Arbeitnehmervertretung und -verhandlung gemäß IAO-Übereinkommen nicht behindern.

3. Der Lieferant darf Arbeitnehmervertreter oder Gewerkschaftsmitglieder wegen ihrer Mitgliedschaft oder Zugehörigkeit zu einer Gewerkschaft oder ihrer legitimen Gewerkschaftstätigkeit in Übereinstimmung mit den IAO-Übereinkommen nicht diskriminieren oder anderweitig bestrafen.

4. Der Lieferant muss internen Arbeitnehmervertretern Zugang zum Arbeitsplatz gestatten, damit sie ihre Vertretungsaufgaben in Übereinstimmung mit den IAO-Übereinkommen wahrnehmen können.

5. Der Lieferant muss alle möglichen Anstrengungen unternehmen, um einen effektiven Informations-, Feedback- und Beschwerdemechanismus auf betrieblicher Ebene

aufrechtzuerhalten oder sich daran zu beteiligen, um auf Einzelpersonen und Gemeinschaften reagieren zu können.

9.2.7 Arbeitszeit und Überstunden

1. Der Lieferant legt Arbeitszeiten fest, die den nationalen Gesetzen und den IAO-Übereinkommen entsprechen, je nachdem, welche einen größeren Schutz für die Gesundheit, die Sicherheit und das Wohlergehen der Arbeitnehmer bieten.

2. Der Lieferant muss darauf achten, dass die zulässige Standardarbeitszeit pro Woche 48 Stunden außer Überstunden beträgt. Von den Arbeitnehmern darf nicht verlangt werden, dass sie regelmäßig mehr als 48 Stunden pro Woche arbeiten.

3. Überstunden müssen freiwillig sein, sie dürfen 8 (acht) Stunden pro Woche nicht überschreiten und dürfen nicht regelmäßig verlangt werden.

4. Der Lieferant respektiert das Recht aller Arbeitnehmer auf mindestens einen Ruhetag in jedem Zeitraum von 7 (sieben) Tagen sowie auf bezahlten Jahresurlaub und auf öffentliche nationale und lokale Feiertage gemäß den lokalen Vorschriften.

9.2.8 Vergütung und Sozialleistungen

1. Der Lieferant muss seine Arbeiter mit Löhnen, Überstundenzuschlägen, Sozialleistungen und bezahltem Urlaub entlohnen, die den gesetzlichen Mindeststandards und/oder den Branchenstandards und/oder Tarifverträgen entsprechen oder diese übertreffen, je nachdem, was höher ist.

2. In Anerkennung des grundlegenden Charakters der Entlohnung der Arbeitnehmer und der von ihnen Abhängigen erwartet ICS, dass der Lieferant den gesetzlichen Mindestlohn

nicht als Endziel betrachtet, sondern eher als eine Schwelle, die nicht nur erreicht, sondern überschritten werden sollte, wobei das angestrebte Ziel darin besteht, dass diese Entlohnung in der Lage ist, die Grundbedürfnisse zu decken und gleichzeitig ein frei verfügbares Einkommen zu garantieren.

3. Der Lieferant muss stets alle Arbeitnehmer für alle Überstunden mit dem gesetzlichen und ggf. vertraglich vereinbarten Zuschlag entschädigen.

4. Der Lieferant muss allen Arbeitnehmern alle gesetzlich vorgeschriebenen Sozialleistungen einschließlich bezahlten Urlaubs gewähren.

5. Der Lieferant darf keine unzulässigen oder vom nationalen Recht nicht vorgesehenen Lohnabzüge vornehmen. Der Lieferant darf keine Lohnabzüge als Disziplinarmaßnahme vornehmen.

6. Der Lieferant übermittelt allen Arbeitnehmern vor Antritt des Arbeitsverhältnisses schriftliche und verständliche Informationen über ihre Arbeitsbedingungen einschließlich der Gehälter und informiert sie bei jeder Auszahlung über die Einzelheiten ihrer Löhne für den betreffenden Gehaltszeitraum.

7. Die Arbeit muss auf der Grundlage eines anerkannten Arbeitsverhältnisses erfolgen,

das in Übereinstimmung mit den nationalen Rechtsvorschriften und den IAO-Übereinkommen festgelegt wurde, je nachdem, welche den größeren Schutz bieten.

8. Nur-Arbeitskraft-Verträge, Unteraufträge oder Heimarbeit, Auszubildendenprogramme, bei denen keine wirkliche Absicht besteht, Fertigkeiten zu vermitteln oder ein reguläres Arbeitsverhältnis zu schaffen, übermäßiger Gebrauch von befristeten Arbeitsverträgen oder vergleichbare Vereinbarungen dürfen nicht dazu benutzt werden, um Verpflichtungen

gegenüber Arbeitnehmern gemäß Arbeits- oder Sozialversicherungsgesetzen und -vorschriften, die sich aus dem regulären Arbeitsverhältnis ergeben, zu umgehen.

9.2.9 Gesundheit und Sicherheit

Die Gesundheits- und Sicherheitsbestimmungen sind weiter zu definieren, um den spezifischen Bedingungen und den damit verbundenen Gefahren in den verschiedenen Branchen Rechnung zu tragen, in Übereinstimmung mit den jeweils geltenden Gesundheits- und Sicherheitsgrundsätzen:

1. Der Lieferant muss für sichere und saubere Bedingungen in allen Arbeits- und Wohneinrichtungen sorgen und klare Verfahren zur Regelung der Gesundheit und Sicherheit am Arbeitsplatz einführen und befolgen.

2. Der Lieferant muss angemessene Maßnahmen ergreifen, um Unfälle und Gesundheitsschäden zu verhindern, die sich aus der Arbeit ergeben, mit ihr verbunden sind oder im Laufe der Arbeit auftreten, indem er die Ursachen der Gefahren, die der Arbeitsumgebung innewohnen, so weit wie vernünftigerweise durchführbar minimiert. Bei Bedarf sind geeignete und wirksame persönliche Schutzausrüstungen bereitzustellen.

3. Der Lieferant muss Zugang zu angemessener medizinischer Hilfe und Einrichtungen bieten.

4. Der Lieferant muss allen Arbeitern Zugang zu sauberen Toilettenanlagen und Trinkwasser sowie ggf. zu sanitären Einrichtungen für die Zubereitung und Lagerung von Lebensmitteln gewähren.

5. Der Lieferant muss sicherstellen, dass die Wohneinrichtungen für die Arbeitnehmer, sofern sie zur Verfügung stehen, sauber und sicher sind.

6. Der Lieferant überträgt die Verantwortung für Gesundheit und Sicherheit einem Vertreter des Managements.

7. Der Lieferant muss regelmäßige und aufgezeichnete Gesundheits- und Sicherheitsschulungen für Arbeiter und Management anbieten, und diese Schulungen müssen für alle neuen oder versetzten Arbeiter und das Management wiederholt werden.

8. Der Lieferant muss angemessene Brandschutzvorkehrungen treffen und die Festigkeit, Stabilität und Sicherheit von Gebäuden und Ausrüstungen, einschließlich etwaiger Wohngebäude, gewährleisten.

9. Der Lieferant muss Arbeitnehmer und Management ausreichend in der Abfallentsorgung sowie in der Handhabung und Entsorgung von Chemikalien und anderen gefährlichen Materialien schulen.

9.2.10 Der Lieferant muss folgende Vorschriften einhalten

i. OECD-Leitsätze für multinationale Unternehmen, 2011.

ii. UN-Leitprinzipien für Wirtschaft und Menschenrechte, 2011

iii. Grundlegende internationale Menschenrechtsübereinkommen:

- Internationaler Pakt über bürgerliche und politische Rechte, 1966

- Internationaler Pakt über wirtschaftliche, soziale und kulturelle Rechte, 1966

- Übereinkommen über die Beseitigung jeder Form von Diskriminierung der Frau, 1980

- Übereinkommen über die Rechte des Kindes, 1990

- Übereinkommen über die Rechte von Menschen mit Behinderungen, 2007

iv. Grundlegende internationale Arbeitsnormen, wie sie in der Erklärung der IAO über grundlegende Prinzipien und Rechte bei der Arbeit und deren Folgemaßnahmen definiert sind:

- C87, Übereinkommen über die Vereinigungsfreiheit und den Schutz des Vereinigungsrechtes, 1948
- C98, Übereinkommen über das Recht auf Organisation und Tarifverhandlungen. 1949
- C29, Übereinkommen über Zwangsarbeit, 1930
- C105, Übereinkommen über die Abschaffung der Zwangsarbeit, 1957
- C138, Übereinkommen über das Mindestalter, 1973
- C182, Übereinkommen über die schlimmsten Formen der Kinderarbeit, 1999
- C100, Übereinkommen über die Gleichheit des Entgelts, 1951
- C111, Übereinkommen über Diskriminierung (Beschäftigung und Beruf), 1958

i. Andere anwendbare internationale Arbeitsnormen wie:

- IAO-Ruf nach menschenwürdiger Arbeit
- C1, Übereinkommen über die Arbeitszeit (Gewerbe), 1919
- C14, Übereinkommen über den wöchentlichen Ruhetag (Gewerbe), 1921
- C95, Übereinkommen über den Lohnschutz, 1949
- C131, Übereinkommen über die Festsetzung von Mindestlöhnen, 1970
- C135, Übereinkommen über Arbeitnehmervertreter, 1971
- C155, Übereinkommen über Arbeitsschutz und Arbeitsumwelt, 1981

- C161, Übereinkommen über die betriebsärztlichen Dienste, 1985
- R085, Empfehlung betreffend den Lohnschutz, 1949
- R116, Empfehlung betreffend die Verkürzung der Arbeitszeit, 1962
- R135, Empfehlung betreffend die Festsetzung von Mindestlöhnen, 1970
- R164, Empfehlung betreffend Arbeitsschutz und Arbeitsumwelt, 1981
- R184, Empfehlung betreffend Heimarbeit, 1996
- R190, Empfehlung zum Übereinkommen über die schlimmsten Formen der Kinderarbeit, 1999
ii. Geltende nationale und/oder lokale Gesetzgebung.

- Die Bestimmungen dieses Kodex stellen Mindeststandards und nicht Höchststandards dar.
- Dieser Kodex darf nicht dazu verwendet werden, internationale Arbeitsnormen oder nationale und/oder lokale Gesetzgebungen zu umgehen.

9.3 Auszug aus dem deutschen Lieferkettengesetz (Stand 10.06.23)

Gesetz über die unternehmerischen Sorgfaltspflichten zur Vermeidung von Menschenrechtsverletzungen in

Lieferketten (Lieferkettensorgfaltspflichtengesetz - LkSG)[53]

9.3.1 § 1 Anwendungsbereich

(1) Dieses Gesetz ist anzuwenden auf Unternehmen ungeachtet ihrer Rechtsform, die

1. ihre Hauptverwaltung, ihre Hauptniederlassung, ihren Verwaltungssitz oder ihren satzungsmäßigen Sitz im Inland haben und

2. in der Regel mindestens 3 000 Arbeitnehmer im Inland beschäftigen; ins Ausland entsandte Arbeitnehmer sind erfasst.

Abweichend von Satz 1 Nummer 1 ist dieses Gesetz auch anzuwenden auf Unternehmen ungeachtet ihrer Rechtsform, die

1. eine Zweigniederlassung gemäß § 13d des Handelsgesetzbuchs im Inland haben und

2. in der Regel mindestens 3 000 Arbeitnehmer im Inland beschäftigen.

Ab dem 1. Januar 2024 betragen die in Satz 1 Nummer 2 und Satz 2 Nummer 2 vorgesehenen Schwellenwerte jeweils 1 000 Arbeitnehmer.

(2) Leiharbeitnehmer sind bei der Berechnung der Arbeitnehmerzahl (Absatz 1 Satz 1 Nummer 2 und Satz 2 Nummer 2) des Entleihunternehmens zu berücksichtigen, wenn die Einsatzdauer sechs Monate übersteigt.

(3) Innerhalb von verbundenen Unternehmen (§ 15 des Aktiengesetzes) sind die im Inland beschäftigten Arbeitnehmer

---

[53] https://www.gesetze-im-internet.de/lksg/BJNR295910021.html#BJNR295910021BJNG000901000

(Abgerufen: 10.06.2023) :: es wird keine rechtlich Garantie übernommen, die hier veröffentlichten Zeilen dienen nur und ausschließlich der Information.

sämtlicher konzernangehöriger Gesellschaften bei der Berechnung der Arbeitnehmerzahl (Absatz 1 Satz 1 Nummer 2) der Obergesellschaft zu berücksichtigen; ins Ausland entsandte Arbeitnehmer sind erfasst.

9.3.2 § 3 Sorgfaltspflichten

(1) Unternehmen sind dazu verpflichtet, in ihren Lieferketten die in diesem Abschnitt festgelegten menschenrechtlichen und umweltbezogenen Sorgfaltspflichten in angemessener Weise zu beachten mit dem Ziel, menschenrechtlichen oder umweltbezogenen Risiken vorzubeugen oder sie zu minimieren oder die Verletzung menschenrechtsbezogener oder umweltbezogener Pflichten zu beenden. Die Sorgfaltspflichten enthalten:

1. die Einrichtung eines Risikomanagements (§ 4 Absatz 1),

2. die Festlegung einer betriebsinternen Zuständigkeit (§ 4 Absatz 3),

3. die Durchführung regelmäßiger Risikoanalysen (§ 5),

4. die Abgabe einer Grundsatzerklärung (§ 6 Absatz 2),

5. die Verankerung von Präventionsmaßnahmen im eigenen Geschäftsbereich (§ 6 Absatz 1 und 3) und gegenüber unmittelbaren Zulieferern (§ 6 Absatz 4),

6. das Ergreifen von Abhilfemaßnahmen (§ 7 Absatz 1 bis 3),

7. die Einrichtung eines Beschwerdeverfahrens (§ 8),

8. die Umsetzung von Sorgfaltspflichten in Bezug auf Risiken bei mittelbaren Zulieferern (§ 9) und

9. die Dokumentation (§ 10 Absatz 1) und die Berichterstattung (§ 10 Absatz 2).

(2) Die angemessene Weise eines Handelns, das den Sorgfaltspflichten genügt, bestimmt sich nach

1. Art und Umfang der Geschäftstätigkeit des Unternehmens,

2. dem Einflussvermögen des Unternehmens auf den unmittelbaren Verursacher eines menschenrechtlichen oder umweltbezogenen Risikos oder der Verletzung einer menschenrechtsbezogenen oder einer umweltbezogenen Pflicht,

3. der typischerweise zu erwartenden Schwere der Verletzung, der Umkehrbarkeit der Verletzung und der Wahrscheinlichkeit der Verletzung einer menschenrechtsbezogenen oder einer umweltbezogenen Pflicht sowie

4. nach der Art des Verursachungsbeitrages des Unternehmens zu dem menschenrechtlichen oder umweltbezogenen Risiko oder zu der Verletzung einer menschenrechtsbezogenen oder einer umweltbezogenen Pflicht.

(3) Eine Verletzung der Pflichten aus diesem Gesetz begründet keine zivilrechtliche Haftung. Eine unabhängig von diesem Gesetz begründete zivilrechtliche Haftung bleibt unberührt.

9.3.3 § 4 Risikomanagement

(1) Unternehmen müssen ein angemessenes und wirksames Risikomanagement zur Einhaltung der Sorgfaltspflichten (§ 3 Absatz 1) einrichten. Das Risikomanagement ist in alle maßgebliche Geschäftsabläufe durch angemessene Maßnahmen zu verankern.

(2) Wirksam sind solche Maßnahmen, die es ermöglichen, menschenrechtliche und umweltbezogene Risiken zu erkennen und zu minimieren sowie Verletzungen menschenrechtsbezogener oder umweltbezogener Pflichten zu

verhindern, zu beenden oder deren Ausmaß zu minimieren, wenn das Unternehmen diese Risiken oder Verletzungen innerhalb der Lieferkette verursacht oder dazu beigetragen hat.

(3) Das Unternehmen hat dafür zu sorgen, dass festgelegt ist, wer innerhalb des Unternehmens dafür zuständig ist, das Risikomanagement zu überwachen, etwa durch die Benennung eines Menschenrechtsbeauftragten. Die Geschäftsleitung hat sich regelmäßig, mindestens einmal jährlich, über die Arbeit der zuständigen Person oder Personen zu informieren.

(4) Das Unternehmen hat bei der Errichtung und Umsetzung seines Risikomanagementsystems die Interessen seiner Beschäftigten, der Beschäftigten innerhalb seiner Lieferketten und derjenigen, die in sonstiger Weise durch das wirtschaftliche Handeln des Unternehmens oder durch das wirtschaftliche Handeln eines Unternehmens in seinen Lieferketten in einer geschützten Rechtsposition unmittelbar betroffen sein können, angemessen zu berücksichtigen.

9.3.4 § 5 Risikoanalyse

(1) Im Rahmen des Risikomanagements hat das Unternehmen eine angemessene Risikoanalyse nach den Abätzen 2 bis 4 durchzuführen, um die menschenrechtlichen und umweltbezogenen Risiken im eigenen Geschäftsbereich sowie bei seinen unmittelbaren Zulieferern zu ermitteln. In Fällen, in denen ein Unternehmen eine missbräuchliche Gestaltung der unmittelbaren Zuliefererbeziehung oder ein Umgehungsgeschäft vorgenommen hat, um die Anforderungen an die Sorgfaltspflichten in Hinblick auf den unmittelbaren Zulieferer zu

umgehen, gilt ein mittelbarer Zulieferer als unmittelbarer Zulieferer.

(2) Die ermittelten menschenrechtlichen und umweltbezogenen Risiken sind angemessen zu gewichten und zu priorisieren. Dabei sind insbesondere die in § 3 Absatz 2 genannten Kriterien maßgeblich.

(3) Das Unternehmen muss dafür Sorge tragen, dass die Ergebnisse der Risikoanalyse intern an die maßgeblichen Entscheidungsträger, etwa an den Vorstand oder an die Einkaufsabteilung, kommuniziert werden.

(4) Die Risikoanalyse ist einmal im Jahr sowie anlassbezogen durchzuführen, wenn das Unternehmen mit einer wesentlich veränderten oder wesentlich erweiterten Risikolage in der Lieferkette rechnen muss, etwa durch die Einführung neuer Produkte, Projekte oder eines neuen Geschäftsfeldes. Erkenntnisse aus der Bearbeitung von Hinweisen nach § 8 Absatz 1 sind zu berücksichtigen.

9.3.5 § 6 Präventionsmaßnahmen

(1) Stellt ein Unternehmen im Rahmen einer Risikoanalyse nach § 5 ein Risiko fest, hat es unverzüglich angemessene Präventionsmaßnahmen nach den Absätzen 2 bis 4 zu ergreifen.

(2) Das Unternehmen muss eine Grundsatzerklärung über seine Menschenrechtsstrategie abgeben. Die Unternehmensleitung hat die Grundsatzerklärung abzugeben. Die Grundsatzerklärung muss mindestens die folgenden Elemente einer Menschenrechtsstrategie des Unternehmens enthalten:

1. die Beschreibung des Verfahrens, mit dem das Unternehmen seinen Pflichten nach § 4 Absatz 1, § 5 Absatz 1, § 6 Absatz 3 bis 5, sowie den §§ 7 bis 10 nachkommt,

2. die für das Unternehmen auf Grundlage der Risikoanalyse festgestellten prioritären menschenrechtlichen und umweltbezogenen Risiken und

3. die auf Grundlage der Risikoanalyse erfolgte Festlegung der menschenrechtsbezogenen und umweltbezogenen Erwartungen, die das Unternehmen an seine Beschäftigten und Zulieferer in der Lieferkette richtet.

(3) Das Unternehmen muss angemessene Präventionsmaßnahmen im eigenen Geschäftsbereich verankern, insbesondere:

1. die Umsetzung der in der Grundsatzerklärung dargelegten Menschenrechtsstrategie in den relevanten Geschäftsabläufen,

2. die Entwicklung und Implementierung geeigneter Beschaffungsstrategien und Einkaufspraktiken, durch die festgestellte Risiken verhindert oder minimiert werden,

3. die Durchführung von Schulungen in den relevanten Geschäftsbereichen,

4. die Durchführung risikobasierter Kontrollmaßnahmen, mit denen die Einhaltung der in der Grundsatzerklärung enthaltenen Menschenrechtsstrategie im eigenen Geschäftsbereich überprüft wird.

(4) Das Unternehmen muss angemessene Präventionsmaßnahmen gegenüber einem unmittelbaren Zulieferer verankern, insbesondere:

1. die Berücksichtigung der menschenrechtsbezogenen und umweltbezogenen Erwartungen bei der Auswahl eines unmittelbaren Zulieferers,

2. die vertragliche Zusicherung eines unmittelbaren Zulieferers, dass dieser die von der Geschäftsleitung des Unternehmens verlangten menschenrechtsbezogenen und umweltbezogenen Erwartungen einhält und entlang der Lieferkette angemessen adressiert,

3. die Durchführung von Schulungen und Weiterbildungen zur Durchsetzung der vertraglichen Zusicherungen des unmittelbaren Zulieferers nach Nummer 2,

4. die Vereinbarung angemessener vertraglicher Kontrollmechanismen sowie deren risikobasierte Durchführung, um die Einhaltung der Menschenrechtsstrategie bei dem unmittelbaren Zulieferer zu überprüfen.

(5) Die Wirksamkeit der Präventionsmaßnahmen ist einmal im Jahr sowie anlassbezogen zu überprüfen, wenn das Unternehmen mit einer wesentlich veränderten oder wesentlich erweiterten Risikolage im eigenen Geschäftsbereich oder beim unmittelbaren Zulieferer rechnen muss, etwa durch die Einführung neuer Produkte, Projekte oder eines neuen Geschäftsfeldes. Erkenntnisse aus der Bearbeitung von Hinweisen nach § 8 Absatz 1 sind zu berücksichtigen. Die Maßnahmen sind bei Bedarf unverzüglich zu aktualisieren.

9.3.6 § 7 Abhilfemaßnahmen

(1) Stellt das Unternehmen fest, dass die Verletzung einer menschenrechtsbezogenen oder einer umweltbezogenen Pflicht in seinem eigenen Geschäftsbereich oder bei einem unmittelbaren Zulieferer bereits eingetreten ist oder unmittelbar bevorsteht, hat es unverzüglich angemessene Abhilfemaßnahmen zu ergreifen, um diese Verletzung zu verhindern, zu beenden

oder das Ausmaß der Verletzung zu minimieren. § 5 Absatz 1 Satz 2 gilt entsprechend. Im eigenen Geschäftsbereich im Inland muss die Abhilfemaßnahme zu einer Beendigung der Verletzung führen. Im eigenen Geschäftsbereich im Ausland und im eigenen Geschäftsbereich gemäß § 2 Absatz 6 Satz 3 muss die Abhilfemaßnahme in der Regel zur Beendigung der Verletzung führen.

(2) Ist die Verletzung einer menschenrechtsbezogenen oder einer umweltbezogenen Pflicht bei einem unmittelbaren Zulieferer so beschaffen, dass das Unternehmen sie nicht in absehbarer Zeit beenden kann, muss es unverzüglich ein Konzept zur Beendigung oder Minimierung erstellen und umsetzen. Das Konzept muss einen konkreten Zeitplan enthalten. Bei der Erstellung und Umsetzung des Konzepts sind insbesondere folgende Maßnahmen in Betracht zu ziehen:

1. die gemeinsame Erarbeitung und Umsetzung eines Plans zur Beendigung oder Minimierung der Verletzung mit dem Unternehmen, durch das die Verletzung verursacht wird,

2. der Zusammenschluss mit anderen Unternehmen im Rahmen von Brancheninitiativen und Branchenstandards, um die Einflussmöglichkeit auf den Verursacher zu erhöhen,

3. ein temporäres Aussetzen der Geschäftsbeziehung während der Bemühungen zur Risikominimierung.

(3) Der Abbruch einer Geschäftsbeziehung ist nur geboten, wenn

1. die Verletzung einer geschützten Rechtsposition oder einer umweltbezogenen Pflicht als sehr schwerwiegend bewertet wird,

2. die Umsetzung der im Konzept erarbeiteten Maßnahmen nach Ablauf der im Konzept festgelegten Zeit keine Abhilfe bewirkt,

3. dem Unternehmen keine anderen milderen Mittel zur Verfügung stehen und eine Erhöhung des Einflussvermögens nicht aussichtsreich erscheint.

Die bloße Tatsache, dass ein Staat eines der in der Anlage zu diesem Gesetz aufgelisteten Übereinkommen nicht ratifiziert oder nicht in sein nationales Recht umgesetzt hat, führt nicht zu einer Pflicht zum Abbruch der Geschäftsbeziehung. Von Satz 2 unberührt bleiben Einschränkungen des Außenwirtschaftsverkehrs durch oder aufgrund von Bundesrecht, Recht der Europäischen Union oder Völkerrecht.

(4) Die Wirksamkeit der Abhilfemaßnahmen ist einmal im Jahr sowie anlassbezogen zu überprüfen, wenn das Unternehmen mit einer wesentlich veränderten oder wesentlich erweiterten Risikolage im eigenen Geschäftsbereich oder beim unmittelbaren Zulieferer rechnen muss, etwa durch die Einführung neuer Produkte, Projekte oder eines neuen Geschäftsfeldes. Erkenntnisse aus der Bearbeitung von Hinweisen nach § 8 Absatz 1 sind zu berücksichtigen. Die Maßnahmen sind bei Bedarf unverzüglich zu aktualisieren.

9.3.7 § 8 Beschwerdeverfahren

(1) Das Unternehmen hat dafür zu sorgen, dass ein angemessenes unternehmensinternes Beschwerdeverfahren nach den Absätzen 2 bis 4 eingerichtet ist. Das Beschwerdeverfahren ermöglicht Personen, auf menschenrechtliche und umweltbezogene Risiken sowie auf Verletzungen menschenrechtsbezogener oder umweltbezogener Pflichten hinzuweisen, die durch das wirtschaftliche Handeln eines Unternehmens im eigenen Geschäftsbereich oder eines unmittelbaren Zulieferers entstanden

sind. Der Eingang des Hinweises ist den Hinweisgebern zu bestätigen. Die von dem Unternehmen mit der Durchführung des Verfahrens betrauten Personen haben den Sachverhalt mit den Hinweisgebern zu erörtern. Sie können ein Verfahren der einvernehmlichen Beilegung anbieten. Die Unternehmen können sich stattdessen an einem entsprechenden externen Beschwerdeverfahren beteiligen, sofern es die nachfolgenden Kriterien erfüllt.

(2) Das Unternehmen legt eine Verfahrensordnung in Textform fest, die öffentlich zugänglich ist.

(3) Die von dem Unternehmen mit der Durchführung des Verfahrens betrauten Personen müssen Gewähr für unparteiisches Handeln bieten, insbesondere müssen sie unabhängig und an Weisungen nicht gebunden sein. Sie sind zur Verschwiegenheit verpflichtet.

(4) Das Unternehmen muss in geeigneter Weise klare und verständliche Informationen zur Erreichbarkeit und Zuständigkeit und zur Durchführung des Beschwerdeverfahrens öffentlich zugänglich machen. Das Beschwerdeverfahren muss für potenzielle Beteiligte zugänglich sein, die Vertraulichkeit der Identität wahren und wirksamen Schutz vor Benachteiligung oder Bestrafung aufgrund einer Beschwerde gewährleisten.

(5) Die Wirksamkeit des Beschwerdeverfahrens ist mindestens einmal im Jahr sowie anlassbezogen zu überprüfen, wenn das Unternehmen mit einer wesentlich veränderten oder wesentlich erweiterten Risikolage im eigenen Geschäftsbereich oder beim unmittelbaren Zulieferer rechnen muss, etwa durch die Einführung neuer Produkte, Projekte oder eines neuen Geschäftsfeldes. Die Maßnahmen sind bei Bedarf unverzüglich zu wiederholen.

9.4 Auszug aus der Richtlinie des Europäischen Parlaments und de Rates über die Sorgfaltspflichten von Unternehmen im Hinblick auf Nachhaltigkeit und zur Änderung der Richtlinie (EU) 2019/1937 (Stand 10.06.24)

9.4.1 Artikel 2 Geltungsbereich

(1) Diese Richtlinie gilt für Unternehmen, die nach den Rechtsvorschriften eines Mitgliedstaats gegründet wurden und eine der folgenden Bedingungen erfüllen:

a) Das Unternehmen hatte im letzten Geschäftsjahr, für das ein Jahresabschluss erstellt wurde, im Durchschnitt mehr als 500 Beschäftigte und erzielte einen weltweiten Nettoumsatz von mehr als 150 Mio. EUR.

b) Das Unternehmen erreichte die unter Buchstabe a genannten Schwellenwerte nicht, hatte aber im letzten Geschäftsjahr, für das ein Jahresabschluss erstellt wurde, im Durchschnitt mehr als 250 Beschäftigte und erzielte einen weltweiten Nettoumsatz von mehr als 40 Mio. EUR, sofern mindestens 50 % dieses Nettoumsatzes in einem oder mehreren der folgenden Sektoren erwirtschaftet wurden:

i) Herstellung von Textilien, Leder und verwandten Erzeugnissen (einschließlich Schuhe) sowie Großhandel mit Textilien, Bekleidung und Schuhen;

ii) Landwirtschaft, Forstwirtschaft, Fischerei (einschließlich Aquakultur), Herstellung von Lebensmittelprodukten und Großhandel mit landwirtschaftlichen Rohstoffen, lebenden Tieren, Holz, Lebensmitteln und Getränken;

iii) Gewinnung mineralischer Ressourcen unabhängig davon, wo sie gewonnen werden (einschließlich Rohöl, Erdgas, Steinkohle, Braunkohle, Metalle und Metallerze sowie aller anderen, nichtmetallischen Mineralien und Steinbruchprodukte), Herstellung von Grundmetallerzeugnissen, sonstigen Erzeugnissen aus nichtmetallischen Mineralien und Metallerzeugnissen (ausgenommen Maschinen und Ausrüstungen) sowie Großhandel mit mineralischen Rohstoffen, mineralischen Grunderzeugnissen und Zwischenerzeugnissen (einschließlich Metalle und Metallerze, Baustoffe, Brennstoffe, Chemikalien und andere Zwischenprodukte).

(2) Diese Richtlinie gilt zudem für Unternehmen, die nach den Rechtsvorschriften eines Drittlandes gegründet wurden und eine der folgenden Bedingungen erfüllen:

a) Das Unternehmen erzielte im Geschäftsjahr vor dem letzten Geschäftsjahr in der Union einen Nettoumsatz von mehr als 150 Mio. EUR.

b) Das Unternehmen erzielte im Geschäftsjahr vor dem letzten Geschäftsjahr in der Union einen Nettoumsatz von mehr als 40 Mio. EUR, aber nicht mehr als 150 Mio. EUR, sofern mindestens 50 % seines weltweiten Nettoumsatzes in einem oder mehreren der in Absatz 1 Buchstabe b genannten Sektoren erwirtschaftet wurden.

(3) Für die Zwecke des Absatzes 1 wird die Zahl der Teilzeitbeschäftigten in Vollzeitäquivalenten berechnet. Leiharbeitnehmer werden bei der Berechnung der Zahl der Beschäftigten so behandelt, als ob sie im Bezugszeitraum direkt vom Unternehmen eingestellte Mitarbeiter wären.

(4) In Bezug auf die in Absatz 1 genannten Unternehmen ist der Mitgliedstaat, in dem das Unternehmen seinen Sitz hat, für die Regelung der unter diese Richtlinie fallenden Angelegenheiten zuständig.

9.4.2 Artikel 4: Sorgfaltspflicht

(1) Die Mitgliedstaaten stellen sicher, dass Unternehmen die in den Artikeln 5 bis 11 festgelegte Sorgfaltspflicht in den Bereichen Menschenrechte und Umwelt („Sorgfaltspflicht") durch folgende Maßnahmen erfüllen:

a) Einbeziehung der Sorgfaltspflicht in ihre Unternehmenspolitik nach Artikel 5;

b) Ermittlung tatsächlicher oder potenzieller negativer Auswirkungen nach Artikel 6;

c) Vermeidung und Abschwächung potenzieller negativer Auswirkungen, Behebung tatsächlicher negativer Auswirkungen und Minimierung ihres Ausmaßes nach den Artikeln 7 und 8;

d) Einrichtung und Aufrechterhaltung eines Beschwerdeverfahrens nach Artikel 9;

e) Überwachung der Wirksamkeit ihrer Strategien und Maßnahmen zur Erfüllung der Sorgfaltspflicht nach Artikel 10;

f) öffentliche Kommunikation über die Sorgfaltspflicht nach Artikel 11.

(2) Die Mitgliedstaaten stellen sicher, dass Unternehmen zum Zwecke der Sorgfaltspflicht berechtigt sind, Ressourcen und

Informationen innerhalb ihrer jeweiligen Unternehmensgruppen sowie mit anderen juristischen Personen im Einklang mit dem geltenden Wettbewerbsrecht auszutauschen.

9.4.3 Artikel 5 Einbeziehung der Sorgfaltspflicht in die Unternehmenspolitik

(1) Die Mitgliedstaaten müssen sicherstellen, dass Unternehmen die Sorgfaltspflicht in alle Bereiche ihrer Unternehmenspolitik einbeziehen und über eine Strategie zur Erfüllung der Sorgfaltspflicht verfügen. Die Strategie zur Erfüllung der Sorgfaltspflicht enthält die folgenden Elemente:

a) eine Beschreibung des Ansatzes, den das Unternehmen – auch langfristig – hinsichtlich der Sorgfaltspflicht verfolgt;

b) einen Verhaltenskodex, in dem die Regeln und Grundsätze beschrieben werden, die von den Beschäftigten und Tochterunternehmen des Unternehmens einzuhalten sind;

c) eine Beschreibung der Verfahren zur Umsetzung der Sorgfaltspflicht, einschließlich der Maßnahmen zur Überprüfung der Einhaltung des Verhaltenskodexes und zur Ausweitung seiner Anwendung auf etablierte Geschäftsbeziehungen.

(2) Die Mitgliedstaaten stellen sicher, dass die Unternehmen ihre Strategie zur Erfüllung der Sorgfaltspflicht jährlich aktualisieren.

9.4.4 Artikel 6: Ermittlung tatsächlicher und potenzieller negativer Auswirkungen

Die Mitgliedstaaten stellen sicher, dass die Unternehmen geeignete Maßnahmen ergreifen, um nach den Absätzen 2, 3 und 4 tatsächliche und potenzielle negative Auswirkungen auf die Menschenrechte und die Umwelt zu ermitteln, die sich aus ihren

eigenen Tätigkeiten oder denen ihrer Tochterunternehmen und
– sofern sie mit ihren Wertschöpfungsketten im Zusammenhang
stehen – aus ihren etablierten Geschäftsbeziehungen ergeben.
[...]
(4) Die Mitgliedstaaten stellen sicher, dass die Unternehmen für
die Zwecke der Ermittlung der in Absatz 1 genannten negativen
Auswirkungen, gegebenenfalls auf der Grundlage quantitativer
und qualitativer Informationen, berechtigt sind, auf
angemessene Ressourcen zurückzugreifen, einschließlich
unabhängiger Berichte und Informationen, die im Rahmen des
Beschwerdeverfahrens nach Artikel 9 gesammelt werden. Die
Unternehmen führen gegebenenfalls auch Konsultationen mit
potenziell betroffenen Gruppen wie Arbeitnehmern und
anderen einschlägigen Interessenträgern durch, um
Informationen über tatsächliche oder potenzielle negative
Auswirkungen zu sammeln.

9.4.5 Artikel 7: Vermeidung potenzieller negativer Auswirkungen

(1) Die Mitgliedstaaten stellen sicher, dass die Unternehmen
geeignete Maßnahmen ergreifen, um potenzielle negative
Auswirkungen auf die Menschenrechte und die Umwelt, die
nach Artikel 6 im Einklang mit den Absätzen 2, 3, 4 und 5 des
vorliegenden Artikels ermittelt wurden oder hätten ermittelt
werden müssen, zu vermeiden oder, falls sie nicht oder nicht
unmittelbar vermieden werden können, angemessen
abzuschwächen.
(2) Die Unternehmen sind verpflichtet, gegebenenfalls

a) einen Präventionsaktionsplan mit angemessenen und klar festgelegten Zeitplänen für Maßnahmen und qualitativen wie quantitativen Indikatoren für die Messung der Verbesserung zu entwickeln und umzusetzen, falls dies aufgrund der Art oder Komplexität der für die Vermeidung erforderlichen Maßnahmen notwendig ist. Der Präventionsaktionsplan wird in Absprache mit den betroffenen Interessenträgern ausgearbeitet;

b) die vertragliche Zusicherung von Geschäftspartnern, mit denen sie eine direkte Geschäftsbeziehung unterhalten, einzuholen, dass sie die Einhaltung des Verhaltenskodexes des Unternehmens und erforderlichenfalls eines Präventionsplans sicherstellen, auch durch Einholung entsprechender vertraglicher Zusicherungen von deren Partnern, soweit ihre Tätigkeiten Teil der Wertschöpfungskette des Unternehmens sind (Vertragskaskaden). Werden solche vertraglichen Zusicherungen gemacht, so findet Absatz 4 Anwendung;

c) notwendige Investitionen zu tätigen, z. B. in Management- oder Produktionsverfahren und -infrastrukturen, um Absatz 1 zu entsprechen;

d) gezielte und verhältnismäßige Unterstützung für ein KMU zu leisten, mit dem das Unternehmen eine etablierte Geschäftsbeziehung unterhält, sofern die Einhaltung des Verhaltenskodexes oder des Präventionsaktionsplans die Tragfähigkeit des KMU gefährden würde;

e) im Einklang mit dem Unionsrecht, einschließlich des Wettbewerbsrechts, mit anderen Unternehmen zusammenzuarbeiten, auch um gegebenenfalls die Fähigkeit des Unternehmens zu verbessern, die negativen Auswirkungen zu beheben, insbesondere wenn keine anderen Maßnahmen geeignet oder wirksam sind.

(3) Im Hinblick auf potenzielle negative Auswirkungen, die durch die Maßnahmen nach Absatz 2 nicht vermieden oder angemessen abgeschwächt werden könnten, kann das Unternehmen versuchen, einen Vertrag mit einem Partner zu schließen, mit dem es eine indirekte Beziehung unterhält, um die Einhaltung des Verhaltenskodexes des Unternehmens oder eines Präventionsaktionsplans zu erreichen. Wird ein solcher Vertrag geschlossen, so findet Absatz 4 Anwendung;

(4) Die vertraglichen Zusicherungen oder der Vertrag müssen von geeigneten Maßnahmen zur Überprüfung der Einhaltung flankiert werden. Zur Überprüfung der Einhaltung kann das Unternehmen geeignete Industrieinitiativen oder eine Überprüfung durch unabhängige Dritte in Anspruch nehmen.

Macht ein KMU vertragliche Zusicherungen oder wird ein Vertrag mit einem KMU geschlossen, so müssen die angewandten Bedingungen fair, angemessen und nichtdiskriminierend sein. Werden Maßnahmen zur Überprüfung der Einhaltung in Bezug auf KMU durchgeführt, so trägt das Unternehmen die Kosten für die Überprüfung durch unabhängige Dritte.

(5) Im Hinblick auf potenzielle negative Auswirkungen im Sinne des Absatzes 1, die durch Maßnahmen nach den Absätzen 2, 3 und 4 nicht vermieden oder angemessen abgeschwächt werden könnten, darf das Unternehmen mit dem Partner oder in der Wertschöpfungskette, von dem bzw. der die Auswirkungen ausgehen, keine neuen Beziehungen eingehen bzw. bestehende Beziehungen ausbauen und hat, wenn das für ihre Beziehungen maßgebende Recht dies vorsieht, folgende Maßnahmen zu ergreifen:

a) Es setzt die Geschäftsbeziehungen mit dem betreffenden Partner vorübergehend aus und bemüht sich gleichzeitige um eine Vermeidung oder Minimierung der Auswirkungen, wenn nach vernünftigem Ermessen davon auszugehen ist, dass diese Bemühungen kurzfristig erfolgreich sein werden.

b) Es beendet die Geschäftsbeziehung in Bezug auf die betreffenden Tätigkeiten, wenn die potenziellen negativen Auswirkungen schwerwiegend sind.

Die Mitgliedstaaten stellen sicher, dass die ihrem Recht unterliegenden Verträge die Möglichkeit der Beendigung der Geschäftsbeziehung vorsehen.

[...]

9.4.6 Artikel 8: Behebung tatsächlicher negativer Auswirkungen

(1) Die Mitgliedstaaten stellen sicher, dass Unternehmen geeignete Maßnahmen ergreifen, um tatsächliche negative Auswirkungen, die nach Artikel 6 festgestellt wurden oder hätten festgestellt werden müssen, gemäß den Absätzen 2 bis 6 dieses Artikels zu beheben.

(2) Können die negativen Auswirkungen nicht behoben werden, so stellen die Mitgliedstaaten sicher, dass die Unternehmen das Ausmaß dieser Auswirkungen minimieren.

(3) Die Unternehmen sind verpflichtet, gegebenenfalls

a) die negativen Auswirkungen zu neutralisieren oder ihr Ausmaß zu minimieren, unter anderem durch die Zahlung von Schadensersatz an die betroffenen Personen und einer finanziellen Entschädigung an die betroffenen Gemeinschaften. Dies hat in einem angemessenen Verhältnis zur Bedeutung und zum Umfang der negativen Auswirkungen sowie dazu, wie das

Verhalten des Unternehmens zu den negativen Auswirkungen beiträgt, zu erfolgen;

b) einen Korrekturmaßnahmenplan mit angemessenen und klar festgelegten Zeitplänen für Maßnahmen und qualitativen wie quantitativen Indikatoren für die Messung der Verbesserung zu entwickeln und umzusetzen, falls dies aufgrund der Tatsache, dass die negativen Auswirkungen nicht unmittelbar behoben werden können, notwendig ist. Der Korrekturmaßnahmenplan wird gegebenenfalls in Absprache mit den Interessenträgern ausgearbeitet;

c) vertragliche Zusicherungen eines direkten Partners, mit dem sie eine etablierte Geschäftsbeziehung unterhalten, einzuholen, dass er die Einhaltung des Verhaltenskodexes und erforderlichenfalls eines Korrekturmaßnahmenplans sicherstellt, auch durch Einholung entsprechender vertraglicher Zusicherungen von deren Partnern, soweit sie Teil der Wertschöpfungskette sind (Vertragskaskaden). Werden solche vertraglichen Zusicherungen gemacht, so findet Absatz 5 Anwendung;

d) notwendige Investitionen zu tätigen, z. B. in Management- oder Produktionsverfahren und -infrastrukturen, um den Absätzen 1, 2 und 3 zu entsprechen;

e) gezielte und verhältnismäßige Unterstützung für ein KMU zu leisten, mit dem das Unternehmen eine etablierte Geschäftsbeziehung unterhält, sofern die Einhaltung des Verhaltenskodexes oder des Korrekturmaßnahmenplans die Tragfähigkeit des KMU gefährden würde;

f) im Einklang mit dem Unionsrecht, einschließlich des Wettbewerbsrechts, mit anderen Unternehmen zusammenzuarbeiten, auch um gegebenenfalls die Fähigkeit des

191

Unternehmens zu verbessern, die negativen Auswirkungen zu beheben, insbesondere wenn keine anderen Maßnahmen geeignet oder wirksam sind.

(4) Im Hinblick auf tatsächliche negative Auswirkungen, die durch die Maßnahmen nach Absatz 3 nicht behoben oder angemessen abgeschwächt werden könnten, kann das Unternehmen versuchen, einen Vertrag mit einem Partner zu schließen, mit dem es eine indirekte Beziehung unterhält, um die Einhaltung des Verhaltenskodexes des Unternehmens oder eines Korrekturmaßnahmenplans zu gewährleisten. Wird ein solcher Vertrag geschlossen, so findet Absatz 5 Anwendung;

(5) Die vertraglichen Zusicherungen oder der Vertrag müssen von geeigneten Maßnahmen zur Überprüfung der Einhaltung flankiert werden. Zur Überprüfung der Einhaltung kann das Unternehmen geeignete Industrieinitiativen oder eine Überprüfung durch unabhängige Dritte in Anspruch nehmen. Macht ein KMU vertragliche Zusicherungen oder wird ein Vertrag mit einem KMU geschlossen, so müssen die angewandten Bedingungen fair, angemessen und nichtdiskriminierend sein. Werden Maßnahmen zur Überprüfung der Einhaltung in Bezug auf KMU durchgeführt, so trägt das Unternehmen die Kosten für die Überprüfung durch unabhängige Dritte.

(6) Im Hinblick auf tatsächliche negative Auswirkungen im Sinne des Absatzes 1, die durch die Maßnahmen nach den Absätzen 3, 4 und 5 nicht behoben oder dem Ausmaß nach minimiert werden könnten, darf das Unternehmen mit dem Partner oder in der Wertschöpfungskette, von dem bzw. der die Auswirkungen ausgehen, keine neuen Beziehungen eingehen oder bestehende Beziehungen ausbauen und hat, wenn das für

ihre Beziehungen maßgebende Recht dies vorsieht, eine der folgenden Maßnahmen zu ergreifen:

a) Es setzt die Geschäftsbeziehungen mit dem betreffenden Partner vorübergehend aus und unternimmt gleichzeitig Anstrengungen, um die negativen Auswirkungen zu beheben oder deren Ausmaß zu minimieren, oder

b) es beendet die Geschäftsbeziehung in Bezug auf die betreffenden Tätigkeiten, wenn die negativen Auswirkungen als schwerwiegend angesehen werden.

Die Mitgliedstaaten stellen sicher, dass die ihrem Recht unterliegenden Verträge die Möglichkeit der Beendigung der Geschäftsbeziehung vorsehen.

[...]

9.4.7 Artikel 10: Überwachung

Die Mitgliedstaaten stellen sicher, dass die Unternehmen regelmäßig Bewertungen ihrer eigenen Tätigkeiten und Maßnahmen, jenen ihrer Tochterunternehmen, wenn diese im Zusammenhang mit den Wertschöpfungsketten des Unternehmens stehen, und jenen ihrer etablierten Geschäftsbeziehungen durchführen, um die Wirksamkeit der Ermittlung, Vermeidung, Abschwächung, Behebung und Minimierung der negativen Auswirkungen auf die Menschenrechte und die Umwelt zu überwachen. Diese Bewertungen stützen sich gegebenenfalls auf qualitative und quantitative Indikatoren und werden mindestens alle 12 Monate durchgeführt und sobald die begründete Annahme besteht, dass im Zusammenhang mit diesen negativen Auswirkungen erhebliche neue Risiken auftreten können. Die Strategie zur

Erfüllung der Sorgfaltspflicht ist im Einklang mit den Ergebnissen dieser Bewertungen zu aktualisieren.

9.4.8 Artikel 11: Kommunikation

Die Mitgliedstaaten stellen sicher, dass Unternehmen, die nicht den Berichtspflichten nach den Artikeln 19a und 29a der Richtlinie 2013/34/EU unterliegen, zu den unter diese Richtlinie fallenden Angelegenheiten Bericht erstatten, indem sie auf ihrer Website eine jährliche Erklärung in einer in der internationalen Wirtschaftswelt gebräuchlichen Verkehrssprache veröffentlichen. Die Erklärung ist bis zum 30. April jedes Jahres für das vorangegangene Kalenderjahr zu veröffentlichen.

Die Kommission nimmt delegierte Rechtsakte im Einklang mit Artikel 28 in Bezug auf den Inhalt und der Kriterien für die Berichterstattung gemäß Absatz 1 an und legt fest, welche Angaben zur Beschreibung der Sorgfaltspflicht, zu potenziellen und tatsächlichen negativen Auswirkungen und zu den ergriffenen Gegenmaßnahmen zu machen sind.

10 Stichwortverzeichnis

11   Bildverzeichnis